DOCUMENTS DE CRIMINOLOGIE
ET DE MÉDECINE LÉGALE

ESSAI

SUR LA

PSYCHOLOGIE DES FOULES

CONSIDÉRATIONS MÉDICO-JUDICIAIRES

SUR LES

RESPONSABILITÉS COLLECTIVES

PAR

le Dr Henry FOURNIAL

Les rassemblements sont interdits !.... Circulez !

Soubdain, Panurge, ne sçay comment, sans aultre chose dire, jette en pleine mer son mouton *criant et bellant*. Tous les autres moutons, *crians et bellans en pareille intonation*, commencernt soy jetter et saulter en mer après, à la file... La foulle étais à qui premier y saulterait après leur compagnon.

RABELAIS

ÉDITEURS

A. STORCK   G. MASSON
LYON   PARIS

DOCUMENTS DE CRIMINOLOGIE
ET DE MÉDECINE LÉGALE

ESSAI

SUR LA

PSYCHOLOGIE DES FOULES

CONSIDÉRATIONS MÉDICO-JUDICIAIRES

SUR LES

RESPONSABILITÉS COLLECTIVES

PAR

le Dʳ Henry FOURNIAL

Les rassemblements sont interdits !.... Circulez !

Soubdain, Panurge, ne scay comment, sans aultre
chose dire, jette en pleine mer son mouton *criant et
bellant*. Tous les autres moutons, *crians et bellans* en
pareille intonation, commencent soy jetter et saulter en
mer après, à la file... La foulle était a qui premier y
saulterait après leur compagnon.

RABELAIS

ÉDITEURS

A. STORCK | G. MASSON
LYON | PARIS

INTRODUCTION

Les leçons magistrales de M. le professeur Lacassagne et de fréquentes visites au curieux et riche musée, dont il a su recueillir tous les éléments en si peu de temps, avaient développé en nous un goût prononcé pour la médecine légale, cette science qui se marie si souvent et si heureusement avec l'art. Aussi, lorsque nous avons dû songer au sujet de notre thèse inaugurale, avons-nous consulté ce maître éminent.

A cette époque, plusieurs événements remarquables : catastrophes sur les voies ferrées (Mœnchestein, Saint-Mandé...), grèves de tous genres, et plus ou moins considérables par leur répétition ou leurs conséquences, etc., venaient d'émouvoir l'opinion publique. M. le professeur Lacassagne attira immédiatement notre attention sur ces faits, et nous proposa un travail qui consisterait à faire l'étude des facultés psychiques qui peuvent, d'une façon plus ou moins brusque, se développer dans une foule, et à rechercher si l'on pouvait donner une explication à cette effervescence, à cette agitation incroyables, qui s'emparent d'une collectivité, s'y propagent rapidement, et donnent naissance aux soulèvements, aux enthousiasmes, aux emballements, aux terreurs paniques des masses; en un mot, à faire la *Psychologie de la Foule*, à rechercher enfin des éléments qui, dans une pareille question, peuvent intéresser le médecin-légiste au point de vue des responsabilités.

Grande tout d'abord fut notre hésitation à nous charger d'un sujet qui nous semblait, à première vue, si éloigné de la médecine, et que nous considérions comme bien au-dessus des faibles ressources qu'une courte expérience mettait à notre disposition. Mais, confiants, d'autre part, en l'appui du maître dont nous réclamions les conseils, et convaincus de la bonne voie qu'il saurait toujours nous faire suivre, nous nous sommes mis résolument à l'œuvre.

Ne semble-t-il pas qu'une pareille étude est plutôt du ressort du philosophe que du médecin? Cependant, la psychologie a tendance, chaque jour, à s'émanciper du joug de la métaphysique, et « de plus en plus à s'unir intimément, dit Pr. Despine, à la physiologie du système nerveux ».

D'autre part, songeons-y, médecin ne signifie pas seulement praticien, et celui-là voit le cercle, d'abord restreint, de son rôle et de son action, s'élargir de jour en jour; il est constamment obligé de se mettre en relations avec le moraliste et avec le magistrat.

L'intérêt de notre sujet n'est pas simplement spéculatif et philosophique, il est essentiellement social, humanitaire. Un principe reconnu de tous, qui est un fait d'observation générale, le principe de contagion morale, apparaîtra souvent dans cette étude. Il y a autre chose qu'une pure satisfaction pour l'esprit à dégager les influences qui agissent sur cette contagion, à examiner les résultats qu'elle peut produire, à voir si, dans les actes criminels qu'on peut leur imputer, des considérations ne sont pas à faire au point de vue des responsabilités.

Sans idée préconçue, sans esprit de système, nous avons essayé de soulever un coin du voile qui cache à nos yeux la solution du problème. Nos prétentions sont aussi modestes que notre travail. Il n'est nullement entré dans notre esprit que nous donnerions la réponse exacte, que nous fixerions d'une façon immuable un point de l'inconnu, mais nous avons été constamment soutenu par cette pensée : que chacun, même le plus humble, a le droit autant que le devoir d'apporter dans la communauté, le secours de ses réflexions, le résultat de ses observations pour le triomphe définitif, mais jamais atteint, de la science et de la vérité : au plus immortel des chefs-d'œuvre de Raphaël a contribué un broyeur de couleurs !

Des circonstances indépendantes de notre volonté, un temps limité, ne nous ont pas permis de donner néanmoins à notre travail l'étendue que nous aurions désiré. Il n'y a là, croyons-nous, qu'une ébauche, dont nous avons essayé de donner, avec le plus de précision possible, les grandes lignes, les points de repères, mais dont les détails n'ont pu être fouillés par nous, peut-être même avons-nous omis quelques indications importantes.

Nous avons divisé notre sujet en trois grands chapitres qui répondent aux questions suivantes :

1° Que doit-on entendre par LA FOULE ? Quelles sont ses facultés ? Quels en sont les modificateurs ?

2° Comment se comporte la foule ? Peut-on trouver un principe général qui explique ses impulsions ?

3° Dans quelles mesures les collectivités sont-elles responsables de leurs actes ?

Nous donnons ensuite les conclusions qui semblent découler de notre étude.

Nous terminons en citant, dans un index bibliographique, le nom des auteurs qui ont suppléé à nos connaissances et qui nous ont fourni le plus grand nombre des événements et des faits dont nous avons fait l'analyse.

Nous espérons avoir suppléé par là à un chapitre d'historique que notre sujet ne pouvait comporter. Il est juste cependant que nous rendions hommage, dès la première page, à deux écrivains qui nous ont été d'un très précieux secours. La *Philosophie pénale* (1) et les *Lois de l'imitation* de M. Tarde ont éclairé d'une vive lumière bien des points que nous avions à peine entrevus; la *Folla Delinquante* de M. S. *Sighele* nous a permis de rentrer dans bien des considérations que nous aurions peut-être oubliées, et nous a suggéré, nous le croyons, de saines réflexions.

(1) *Biblioth. de Criminologie*, Storck. édit. Lyon.

Mais, de même que l'idée de ce travail appartient tout entière à M. le Professeur Lacassagne, c'est à lui que nous sommes redevables de l'avoir achevé.

Dans les entretiens et les conversations que nous avons eus avec lui, autant que dans ses ouvrages savants, nous avons trouvé une source inépuisable de connaissances et de notions personnelles : avec une extrême obligeance, il a mis à notre entière disposition sa bibliothèque et ses collections. Il a droit à toute notre reconnaissance et jamais nous n'oublierons qu'il nous a, le premier, dévoilé les secrets de la Médecine légale ; nous emportons de son enseignement l'impression la plus exquise et chaque fois que l'occasion nous en sera fournie, nous nous efforcerons de marcher dans la voie qu'il nous a si magistralement tracée.

La part de remerciements qui revient à M. le Dr Martinot, major de l'Ecole du Service de Santé Militaire, pour l'extrême obligeance avec laquelle il a bien voulu faire profiter notre travail de son expérience et de sa science, quoique déjà bien grande, est faible, cependant, à côté de la dette de reconnaissance que nous avons contractée avec lui depuis longtemps. Plein de bienveillance avant notre entrée à l'Ecole, dont il nous a facilité l'accès, il n'a cessé, pendant ces deux dernières années, de nous prodiguer ses marques d'intérêt et de bienveillante sollicitude : à l'homme autant qu'au supérieur et qu'à l'érudit, nous sommes heureux d'affirmer toute notre gratitude.

Nous avons également à cœur d'offrir à M. le médecin principal Viry, sous-directeur de l'Ecole, l'hommage respectueux de notre reconnaissance pour la bienveillance qu'il nous a montrée en toutes circonstances.

Que M. le Dr Humbert Molière et M. le professeur-agrégé Bard veuillent bien agréer tous nos remerciements pour l'obligeance avec laquelle ils nous ont admis dans leurs services hospitaliers ; nous n'aurons garde d'oublier dans notre carrière les conseils pratiques, les sages notions cliniques que nous ont donnés, au lit du malade, ces guides précieux, ces maîtres estimés.

Nous emportons des Hôpitaux et de la Faculté de Lyon, où nous avons pu connaitre et admirer tant de maîtres éminents, le souvenir le plus durable; nous serons toujours fier de nous dire leur disciple. Qu'il nous soit également permis d'adresser un pieux hommage à ceux que nous avons vu partir avec une pénible et profonde émotion.

A tous nos maitres de l'Ecole du Service de Santé Militaire, nous adressons nos remerciements sincères.

Que nos amis Bayle, Coche et Vincenti, dont l'affection contractée au premier jour de notre arrivée dans cette Faculté s'est affirmée jusqu'au dernier moment, reçoivent ici l'assurance des sentiments profonds qui dirigeront toujours notre esprit et notre cœur vers cette ville regrettée.

Notre sympathique ami, le professeur Schall, a droit à toute notre gratitude pour la gracieuse obligeance avec laquelle il a mis à notre disposition ses connaissances approfondies des langues étrangères.

CHAPITRE I

—————

PREMIÈRE PARTIE

—————

DE LA FOULE — COMMENT ON PEUT LA CONSIDÉRER SES FACULTÉS

La préoccupation essentielle de celui qui veut traiter un sujet quelconque doit être, avant tout, de le bien déterminer, d'en indiquer tout d'abord les limites aussi exactes que possible. Quelquefois, une bonne définition permet de le faire ; l'idéal serait de la trouver toujours ; il est, cependant, souvent nécessaire de la faire précéder de quelques explications ; tel est notre cas ; et si, dès maintenant, nous essayions, en effet, de résumer en une courte phrase ce que nous entendons par LA FOULE, nous risquerions fort de n'être pas complet ; aussi, croyons-nous plus sage de nous

ranger, pour le fait actuel, à l'opinion de Condillac :
Qu'une définition trouve mieux sa place à la fin d'un
chapitre qu'à son commencement. Il faut cependant,
dès l'abord, écarter l'arbitraire, et, autant que possible, diminuer les chances d'erreur d'interprétation,
afin de bien être entendu quand nous parlerons de
la foule et que nous emploierons ce mot.

Il n'entre nullement dans notre pensée de faire de
la foule autre chose que ce qu'elle est en réalité ;
sans aucun doute, pour nous, comme pour tous, c'est
d'abord une réunion d'individus. D'autre part, notre
but est de faire la *psychologie* de cette collectivité, et
qu'est-ce, sinon, par la définition même du mot, d'en
étudier les facultés.

Or, considérons, par exemple, ce qui se passe dans
une ville, sur une place fréquentée : ce sont des individus de tout âge et de tout sexe qui s'entrecroisent
dans tous les sens ; il y a là bien des pensées, bien
des sentiments, bien des émotions, mais chacun de
ces facteurs varie avec chacun des éléments. Autant
d'individus, autant de préoccupations, autant de buts.
Il y a là, certainement, à proprement parler, une
foule, mais une foule indifférente, constituée par des
éléments divers, dont chacun est étranger à tous les
autres. Point n'est besoin d'insister pour montrer
l'impossibilité de faire la psychologie de pareille agglomération.

Mais, qu'un événement surprenant par sa soudai-
neté ou par son intensité se produise de façon à
tomber sous les sens de la même collectivité : une
maison qui s'écroule avec fracas, un individu monté

sur des tréteaux qui harangue le public, un régiment qui passe aux accents enlevants de sa musique, etc... Immédiatement, on sent qu'il se passe là quelque chose d'étrange ; il y a comme un mouvement d'effervescence ; chacun s'approche de son voisin ; on se communique ses impressions, ses sentiments, ses réflexions ; chacun est détourné de son chemin, ne se préoccupe plus que d'une chose : l'événement qui vient de se produire. De cette réunion disparate, il se dégage comme un être impersonnel, c'est vrai, mais dont l'existence se manifeste par ce sentiment, cette préoccupation, ce but unique qui l'anime, le captive, le fait agir. Entre tous ces individus, un trait d'union a surgi tout à coup.

L'événement est en quelque sorte le point de contact qui a mis soudain en communication tous ces esprits divergents. Dans cette foule il y a maintenant quelque chose de plus que la réunion d'individualités telle qu'elle existait un instant auparavant, il y a un lien qui, en quelque sorte, a organisé ces éléments épars, a fondu ces individualités disparates, pour lui donner une forme, un caractère particulier et différent de ceux appartenant à chacun de ses éléments.

C'est en considérant la foule à ce point de vue que nous pourrons avancer dans notre étude, c'est cette foule unie par une idée commune et n'ayant plus qu'une seule préoccupation que nous aurons constamment en vue, quelque expression que nous employions : réunion, agglomération, collectivité ou tout autre.

C'est là un simple fait d'observation dont l'explication trouvera plus loin sa place, mais il ne suffit pas de la citer, il est d'importance capitale de ne pas l'oublier et de montrer que ce n'est pas une simple vue de l'esprit, une pure conception de l'imagination et que ce n'est pas se servir d'une image banale que de dire qu'une foule sent et agit « *comme un seul homme* », en un mot, que réellement, au-dessus d'elle, plane à certains moments une seule âme dont les facultés répondent bien à celles de l'individu.

La discussion philosophique d'une pareille question serait au-dessus de nos faibles moyens, et, nous semble-t-il, de grande aridité exposée par nous, profane, qui n'avons fait de cette science qu'un début d'apprentissage. Aussi ne sera-ce pas par indifférence ou dédain que nous laisserons de côté, chaque fois que nous le pourrons, les considérations de cet ordre, il faut voir là une ignorance de notre part que nous avouons sans honte, mais que nous déplorons avec sincérité.

Ce qui constitue l'individualité d'un être c'est son système nerveux et plus spécialement son cerveau. Ceci est vrai de tous les animaux aussi bien que de l'homme. L'homme, pouvons-nous dire, n'est que par son cerveau, il n'est pas de manifestations psychiques qui ne tiennent à cet organe par leur origine et leur élaboration. D'autre part, l'énergie cérébrale de l'homme se révèle sous trois formes : *intelligence, sentiment, caractère*, dont chacune correspond à une modalité différente de la vie, vie intellectuelle, vie morale, vie active ; tels sont les trois centres d'activité qui composent l'existence de l'homme et lui donnent la somme de ses forces et de ses moyens.

Et c'est grâce à ces trois facultés : intellectuelles, sensuelles et actives que l'homme *pense, sent et agit*.

D'autre part, grâce aux connaissances physiolo, giques, aux belles démonstrations expérimentales que nous devons à cette pléiade d'illustrations : Beaunis, Hertzig, Ferrié, etc... parmi lesquels ne brillent pas du moindre éclat les noms de savants lyonnais tels que MM. Arloing, Chauveau, Pierret, Morat, etc..., on s'accorde à reconnaitre pour siège à chacune de ces modalités de la vie, une région du cerveau : à l'intelligence, la partie frontale ; aux sentiments, l'extrémité occipitale ; à l'activité, la région pariétale. Ici encore, M. le Professeur Lacassagne est venu ajouter aux connaissances acquises ; par une série de recherches et d'observations, il est arrivé à conclure que, sous l'influence du travail cérébral, il se fait une augmentation notable de la région frontale ; puis, dirigeant ses investigations dans le vaste domaine de la criminalité, il a démontré que les sujets auxquels on doit s'adresser pour une pareille étude, offrent une relation curieuse et constante, entre la prééminence de l'une des trois régions citées, et leur prédilection pour le genre de crime auquel conduit la déviation et la perversion des facultés qui correspondent à la même région, et c'est ainsi qu'il divise les criminels en : *frontaux, pariétaux* et *occipitaux*.

Suivons rapidement la façon de se comporter d'une foule à un spectacle, et, pour que l'exemple soit satisfaisant, ayons soin d'écarter les cas où les individus se sont réunis, guidés par une même idée préconçue de manifestation favorable ou hostile, de *caballe* comme on dit. A bien observer même, on peut remarquer que les uns sont venus pour recueillir des émotions gaies ou tristes ; d'autres, pour goûter quelque situation savamment préparée : ici, pour entendre de beaux vers, là, de délicieuses phrases musicales ; quelques-uns enfin avec l'intention d'agir.

Dans l'espace de quelques instants, on peut voir les trois modes d'activité se succéder dans cette réunion, et, de façon, à ce qu'il n'échappe à personne qu'il a semblé y avoir là une seule âme qui dirigeait dans le même sens son intelligence, son activité, ses sentiments.

Les applaudissements enthousiastes (nous ne parlons pas de ceux qui sont commandés) ou les manifestations contraires d'une part, l'immense éclat de rire que provoquent les situations comiques ; les sentiments de haine, de pitié, de colère que les acteurs communiquent à toute la salle ; enfin, en troisième lieu, les scènes de banditisme auxquelles même des gens bien élevés se livrent parce que leurs sens n'ont pas été satisfaits à leurs souhaits, nous permettent de nous rendre compte d'un seul coup de l'existence de ces facultés dans une foule.

Il est nécessaire d'entrer ici dans quelques détails et d'examiner de plus près, jusqu'à quel point ces facultés existent dans les collectivités.

L'individu qui. éprouve des sentiments, des sensations a tendance à les exprimer, à les manifester au dehors, il dispose à cet effet de deux moyens généraux : le *geste* et l'*action*, le côté mimique et le côté dynamique. Et d'autre part, comme corollaire, tels gestes, tels actes, etc., sont l'indice que l'individu éprouve tel sentiment, telle émotion, telle pensée. Tant il est vrai de dire que rien n'est entièrement séparable dans la nature parce que rien n'est absolu, et que notre vie extérieure est le reflet seulement de nos états de conscience successifs. En est-il de même pour la foule ? Une collectivité est-elle capable de réagir d'une façon uniforme parce qu'elle a subi la même émotion, éprouvé le même sentiment.

Comme il ne rentre pas dans le cadre de notre sujet de faire l'étude de tous les sentiments que peut éprouver une foule, mais de montrer seulement qu'une foule est capable d'être dominée par un sentiment unique, il serait fastidieux de faire une énumération une classification des sentiments. Contentons-nous de citer quelques faits qui en fourniraient la preuve pour les sentiments les plus généraux.

Il est un fait qui n'a échappé à l'observation de personne, c'est que la foule a une tendance très marquée et semble se plaire d'une façon toute particulière à exprimer par une mimique uniforme et avec un ensemble quelquefois admirable, ce que chacun éprouve. C'est ainsi que l'on voit toute une collectivité faire le même geste, pousser le même cri, entonner le même refrain, etc. Ce fait s'offre à l'observateur avec d'autant plus d'intensité au fur et à mesure que l'on descend dans l'échelle de la civilisation pour arriver jusqu'aux animaux. Nous avons encore tous présents à la mémoire cette histoire, qui nous amusa tant dans notre enfance, d'un marchand de bonnets de coton, qui, ayant eu la malencontreuse idée de s'endormir dans une forêt, fut surpris à son réveil, de voir, sur les branches des arbres environnants, une multitude de singes tous coiffés, comme lui, de bonnets de coton, son étonnement n'est pas moindre quand, jetant par terre son blanc couvre-chef, son geste est reproduit par tous les pillards.

Cet ensemble dans la manifestation mimique des sentiments se retrouve également à chaque pas dans les centres civilisés. Nous avons tous assisté à ces immenses manifestations de sympathie internationale qui dirigeait, subitement et dans le même sens, les cris et les gestes de toute une collectivité dont chacun des éléments était quelques instants avant sous le coup d'une impression personnelle et étrangère à tous les autres.

Et, dans le même ordre d'idées, jetons un coup d'œil sur ces faits trop fréquents dont sont le théâtre ces monuments imposants, Temples de l'Argent, dont l'impassibilité souveraine semble jeter un défi à la plus forte, la plus insatiable des passions. Autour de « La Corbeille », de ci, de là, des groupes épars fort occupés, se dispersant pour se reformer de nouveau, se grossir et se fondre les uns dans les autres; eh bien, il suffit, là, d'un mot, d'une parole mal interprétée, d'une nouvelle dont on ne cherche même pas à vérifier l'authenticité, pour les voir tous se précipiter vers le sanctuaire, exprimer sur leur visage la même émotion, se débattre, s'agiter sous l'influence de cette redoutable terreur panique qui peut, dans un instant, disperser de tous côtés la ruine et la misère.

Ajoutons que certains sentiments n'ont pas de prise

sur les foules, ou du moins en ont fort peu, tel le sentiment maternel. Cette remarque, loin de le détruire, affirme encore notre raisonnement ; il faut, en effet, en conclure que la foule offre bien une individualité exceptionnelle et originale ; de même que tous les hommes ne sont pas capables de sentir de la même façon et d'éprouver les mêmes émotions, la foule n'est pas impressionnable à la façon de chacun. Ceci montre qu'il y a des facultés, des sentiments, des pensées qui ne prennent naissance que chez l'individu, alors qu'il se trouve à côté des facultés en quelque sorte sociales et qui ne surgissent ou ne prennent de l'intensité que lorsque l'homme est en présence de ses semblables, et qu'avec ses semblables, il forme un clan, une société, une foule.

Nous avons rapidement montré que la foule est capable d'être dominée par un sentiment et qu'elle manifeste le plus souvent ce qu'elle éprouve par des gestes.

Il suffit d'ouvrir les annales de l'histoire, de recueillir un fait quelconque de collectivité pour ne pas douter de l'existence chez une foule du second des moyens de manifestation qui appartient à la vie animale. Quand, après avoir pris acte de ce qui se passe, nous essaierons de dégager une explication, nous aurons à recueillir quelques-uns de ces faits. Il semble encore entendre le glas funèbre au récit de ces événements ; l'énergie farouche et sauvage avec laquelle la multitude s'unit pour agir d'un commun effort et commettre ces actes de vandalisme a laissé en des amoncellements énormes et des ruines lugubres, le stigmate impérissable.

Il nous reste enfin, en dernière analyse, à prendre
en considération les facultés intellectuelles. La tâche
parait ici plus difficile et l'appréciation semble plus
délicate. Les conclusions sont, en effet, grosses de
conséquences, et l'importance de la question apparai-
tra dans tout son jour, dans toute sa netteté quand
nous aurons à traiter des responsabilités. Heureusement, nous aurons à citer quelques faits d'une fré-
quence, d'une banalité si grandes qu'on n'y prend, en
général, que bien peu garde, mais qu'on veuille
bien les examiner de plus près, qu'on s'y arrête
seulement quelques instants et la solution du problème se montre d'une simplicité qui touche à l'évidence.

Nous croyons pour donner plus de valeur aux faits
devoir choisir parmi les foules celles dont la majo-
rité, sinon la totalité, des éléments est reconnue d'une
culture intellectuelle au-dessus de la moyenne, celles
qui ont l'habitude de raisonner et de refléchir. Cette
remarque, toute à l'avantage de chacun des individus
faisant partie des collectivités que nous allons étudier,
nous permettra de ne choquer personne et nous lais-
sera plus de liberté.

Considérons d'abord une réunion de jeunes gens,
à quelque degré de l'enseignement qu'ils appartiennent, que leur âge permet de regarder comme complètement responsables de leurs actes. Pris individuellement, ce sont des esprits sains, normaux, in-
telligents, au sens propre du mot, et cependant on ne
sait que trop à quelles niaiseries, à quelles bizarre-
ries ils peuvent en arriver. De quelle étrange et inad-
missible folie ne sont-ils pas capables ? Quelle ne sera

pas souvent la détermination ridicule à laquelle ils peuvent s'arrêter et qu'on ne peut attribuer qu'à une imagination dévoyée, qu'à un manque absolu de cette même
réflexion, de cette même faculté de raisonner que chacun possédait, à tel point que, mise à part la question
de sanction, chacun trouve, le lendemain, que ce qui
a été fait était inepte et cherchera une excuse pour sa
conscience.

Ne voit-on pas chaque jour, et nous ne craignons
pas de dire le mot puisque chacun aura le droit de
nous faire rentrer nous-même en ligne de compte,
une bande d'étudiants se livrer aux actes les plus dé-
raisonnables, dont chacun ne se serait jamais cru
capable.

Examinons, d'autre part, ce qui se passe dans les
divers Parlements : tant que les questions débattues
ne prennent pas un caractère si important qu'elles
laissent place à d'autres préoccupations et que chacun se possède encore, les décisions les plus sages
sont prises le plus souvent, mais, que la discussion
prenne une tournure telle que chacun se passionne, et
que, dans cette réunion, il se constitue deux ou trois
noyaux ou centres (c'est l'expression), autour desquels
le reste se groupe, mais sur l'ensemble desquels il n'y
a plus qu'une idée, qu'une préoccupation, à quelles
élucubrations étranges ne va-t-on pas assister,
qu'elle ne sera pas souvent la fausseté des juge-
ments et des raisonnements, à tel point qu'il faut
se demander s'il n'y a pas là, à certains moments,
comme une épidémie passagère, un délire général, ne
laissant place ni à la réflexion, ni à la raison, ni
même à la perception exacte.

Est-ce à dire que de ces réunions il ne sortira jamais rien de bon et qu'il suffit de les constituer pour que des résultats déplorables s'en suivent, prouvant bien ainsi la disparition de toute faculté intellectuelle ? Loin de nous cette pensée, et les exemples du contraire pourraient abondamment nous être fournis, ne ferait-on que nous opposer la mémorable et « merveilleuse » (1) nuit du 4 août 1789 « qui emportait l'immense et pénible songe des mille ans du moyen âge ».

Mais songeons que nous avons choisi, parmi les assemblées, celles qui peuvent le moins faire croire de notre part à une idée préconçue ; qu'on se reporte maintenant à ces foules où il n'y a plus comme une sélection intellectuelle, mais où tout est hétérogène où l'on ne trouvera plus, pensons-nous, d'exemples à nous opposer.

Les facultés intellectuelles « peuvent se réduire à trois : perception, mémoire, réflexion » (2) ; le bons sens et la raison sont, pensons-nous, le résultat d'un équilibre entre ces trois facteurs, c'est cet équilibre qui n'est plus possible dans la foule telle que nous l'entendons. Chacun, sans doute, perçoit bien, a de la mémoire et est capable de réflexion à un degré quelconque, mais tandis que chacun perçoit à des degrés divers, une idée maitresse s'empare bien de la totalité, la préoccupation est bien la même, mais de cette différence de niveau, que les diverses facultés occupent chez chacun, naîtra forcément un défaut d'équilibre

(1) Michelet : *Révolution*, I, 219.
(2) Proper Despine : *La Folie*, page 8.

total. Et si l'individu perçoit bien, avec ses sens, ce qui est, la foule n'en percevra que l'illusion; dès lors, fausse sera l'interprétation, faux sera le résultat. D'autre part, il faut encore faire intervenir ici un facteur dont l'intensité s'accroit · certainement avec la cohésion, avec l'unification, c'est l'association des idées; il arrive alors un moment où il y a perversion de cette faculté, il s'ensuit une puissance déviée et exagérée de généralisation qui est incompatible avec un travail pondéré d'analyse ou de synthèse, que seule, peut produire, une intelligence saine.

Que devons-nous · penser maintenant de la foule ? Ce qui précède nous permet d'affirmer que, sous des influences que nous connaissons encore mal, il se crée entre toutes les unités d'une collectivité comme un lien qui les réunit toutes, qu'il se forme là comme une organisation dont chacun des éléments devient solidaire des autres : dans cette assemblée disparate, une âme a surgi qui dirige cet organisme nouveau ; en résumé, il y a là un être tout spécial, capable au suprême degré de sentir et d'agir ; mais dépourvu d'intelligence; il est impossible de trouver dans aucune de ses actions le résultat d'un travail ou même d'un essai d'abstraction, d'induction et de déduction. Le raisonnement lui est chose entièrement étrangère, c'est un être *spinal* et *ganglionnaire* semblable à ces animaux décapités, chez lesquels on constate une exagération des réflexes. La foule disons-nous enfin, nous servant des expressions de M. le professeur Lacassagne, est *occipitale*, *pariétale*, elle n'est jamais *frontale*.

MODIFICATEURS

Au risque de paraître nous trop complaire dans cette individualisation de la foule, il nous faut cependant encore revenir là-dessus et pousser plus loin le parallèle que nous avons essayé d'établir. Les considérations dont il nous reste à tenir compte ont leur importance et nous ne pouvons pas les passer sous silence.

Tous les êtres humains ne sont pas impressionnables de la même façon par la même influence extérieure. Sans doute, pour chacun, les émotions, les sentiments sont dictés dans leur immense variabilité par les phénomènes extérieurs perceptibles aux sens, et, cependant, ces causes extérieures étant les mêmes, les effets seront encore différents selon les individus. Il y a là, donc, une influence qui échappe au monde extérieur, qui est inhérente à l'individu même, qui dépend de sa nature et de son caractère. Il en est de même pour une collectivité. Nous allons rapidement passer en revue les influences qui semblent avoir une action sur les collectivités. Pour donner à ces quelques considérations plus de clarté et plus de précision, nous avons adapté à notre sujet l'ordre dans lequel M. le professeur Lacassagne (*Précis d'Hygiène privée et sociale*) passe en revue les divers modificateurs qui ont prise sur l'homme :

1° Modificateurs physiques.
2°   —   chimiques.
3°   —   biologiques.
4°   —   sociologiques.

I· MODIFICATEURS PHYSIQUES

A. Chaleur. — On sait l'action qu'a la chaleur sur tout l'organisme ; comme pour tous les organes, elle excite le fonctionnement du système nerveux. « L'imagination est vive, dit M. le professeur Lacassagne, la parole facile, le langage brillant et coloré. » Il est tout naturel de penser que son action se fera sentir aussi sur les hommes réunis en collectivité. Mais, pour qu'une pareille étude soit profitable, il faut procéder ici d'une façon particulière. La chaleur, en effet, est l'un des principaux éléments qui constituent le climat et les saisons. Voyons donc :

I. Climat. — Il serait trop long de vouloir faire une étude complète de tous les climats. D'un autre côté, c'est une chose connue de tout le monde que les sociétés sont variables avec les climats. Ici, c'est le penchant pour les choses spéculatives, c'est le caractère contemplatif qui donne naissance aux grandes sectes, qui donne jour aux religions : « On a remarqué, dit Maudsley (*Physiologie de l'Esprit*), que les différentes religions naquirent dans les climats subtropicaux, où la nature ne força pas l'homme à un travail intense et opiniâtre : Zoroastre, Moïse, Bouddah, Jésus-Christ, Mahomet appartiennent tous à des régions semi-tropicales. » M. Lombroso, dans un ouvrage considérable sur les délits politiques, examine les diverses influences qui semblent guider la distribution et la direction des révolutions. Il est incontestable que cet auteur a raison quand il fait observer que, dans les pays très chauds, il y a une « tendance aux contemplations paresseuses, à l'admiration exagérée et limitée, d'où le fanatisme religieux et despotique », que dans les pays où la chaleur est tempérée « les peuples montrent une tendance à l'instabilité, et que chez eux, les révoltes sont plus fréquentes, même pour de petites causes », que « dans les pays très chauds et très froids, les délits politiques sont de peu d'importance. » Il est incontestable que la statistique donnée par le professeur italien, des révoltes dont l'Europe a été le théâtre de 1791 à 1880, et qui montre que sur un chiffre de 10 millions d'habitants, 12 de ces révoltes appartiennent au Nord, 25 au centre et 56 au Midi, il est incontestable, disons-nous, qu'une pareille statistique donne à réfléchir ; mais, d'autre part, les révolutions nous paraissent être chose trop compliquée pour leur trouver dans le climat une action si importante, nous nous rattacherons plus volontiers à l'opinion de Auguste Comte, que cite M. le professeur Lacassagne : L'action du climat sur les phénomènes politiques, dit-il, se borne à accélérer ou à retarder, jusqu'à un certain point, la marche naturelle de la civilisation, qui ne peut nullement être dénaturée par ces modifications. Cette marche reste effectivement la même, au fond, dans tous les climats, à la vitesse près, parce qu'elle tient à des lois plus générales, celles de l'organisation humaine, qui sont essentiellement uniformes dans les diverses localités.

Saisons. — Il est possible à chacun de se rendre

compte de l'influence des saisons sur les agglomérations. Il est évident que l'hiver obligeant l'homme à rester plus souvent autour de son foyer, il sera moins fréquemment troublé par les manifestations et les agitations des foules, tandis que dès l'apparition des belles journées, l'animation renaitra ou augmentera, chacun sentira plus de vitalité, plus d'activité. D'un autre côté, une cause produit un effet d'autant plus considérable qu'elle apparait avec une transition plus brusque, ainsi pourrait s'expliquer le fait que M. Lombroso met en lumière au sujet des révoltes. Faisant la statistique des rébellions par mois et par saison dans l'antiquité, le moyen âge et le siècle dernier, il arrive en effet aux résultats suivants que c'est en été que le chiffre des révoltes partout a été le plus élevé, et en hiver le plus bas ; que ce chiffre encore est au maximum pendant le mois qui a suivi le début des plus grandes chaleurs, *juillet*, qu'il est au contraire au minimum pour le mois qui suit le début des froids, *novembre*.

B. **Lumière**. — Il n'est peut-être pas d'excitant qui ait autant d'influence que la lumière. Tout, depuis la formation de la chlorophyle chez la plante, jusqu'au sourire que font éclore sur les lèvres et la joie que font briller dans les yeux les rayons d'un beau soleil, tout, dans la nature, affirme sa bienfaisante action ; M. Gouzer, dans un article qu'il consacre à cet agent, tend à substituer le rôle de ce dernier à celui qu'on a fait jouer à la chaleur dans la science anthropologique.(1) « Combien, dit-il, aux jours ensoleillés, l'état des esprits diffère de ce qu'il est aux jours nuageux ! Chacun se sent plus alerte, plus disposé à l'action, plus enclin aux œuvres généreuses. Dans la nature, les animaux s'ébattent, les oiseaux chantent, tout est en joie. Au contraire, dès qu'un voile épais de nuages intercepte les rayons solaires, l'homme retombe dans l'apathie et la tristesse. Les brouillards de l'Angleterre engendrent le spleen ; comme le soleil de notre midi produit ce que Daudet appelle le *mirage méridional.* C'est encore le soleil qui fait éclore les poètes, les tribuns, les apôtres, les fanatiques et qui cause aussi, sans doute, cette agitation incessante des républiques équatoriales. »

« Comme preuve d'un autre ordre, ajoute-t-il plus loin, je signalerai l'effet inverse de l'obscurité, celle-ci déprime l'excitabilité du cerveau, et même quand elle est trop complète, trop durable, va jusqu'à l'affoler. Qui n'a pas éprouvé l'impression reposante des sombres forêts, l'action calmante des cloîtres ombreux et des églises auxquelles les vitraux coloriés mesurent si discrètement la lumière ? » Le livre de Silvio Pellico donne de frappants tableaux de la même action.

M. Gouzer établit ensuite des rapprochements et des rapports entre les courbes actinométriques et les courbes de la criminalité, des suicides et de l'aliénation mentale. Les variations s'y correspondent beaucoup plus exactement que dans les courbes de la température.

(1) *Arch. de l'anthr. criminelle,* 12 sept. 1891. Storck, Lyon.

C. **Phénomènes météorologiques**. — Il doit
sembler, à première vue, extraordinaire de vouloir
saisir un rapport entre les phénomènes météorologiques et l'activité cérébrale, ou même l'évolution entière de l'organisme animal. A ce sujet, notons que
dans certaines campagnes, on croit à l'influence certaine de la lune sur l'éclosion des œufs ; aussi, a-t-on
soin de placer ces derniers, pendant le premier quartier, de façon à ce que l'incubation, qui dure vingt et
un jours, soit achevée au moment de la pleine lune.
Cette conception est loin, cependant, d'être neuve, et
les anciens déjà, à qui l'on ne peut refuser une grande
puissance d'observation, étaient convaincus de l'influence des astres sur l'éclosion et la marche des maladies. M. Gouzer fait remarquer qu'il nous reste encore une preuve de cette idée dans l'expression de
lunatiques, dont se servaient les Grecs (σελ7νιαχοί)
et les Latins (*lunatici*) pour désigner les mal-
heureuses victimes du mal comitial. Des croyances
de ce genre se sont transmises à travers de longs
siècles; puis, la conviction a fait bien souvent place
au charlatanisme, et, d'une façon insensible, les mé-
decins, ou mieux, ceux qui se livraient à l'art de gué-
rir, ont dû se débarrasser du mirage de mysticisme et
de surnaturel dont ils savaient tirer profit, et que
leurs connaissances vraies ou simulées avaient créé
autour d'eux. Ce prestige bizarre s'accommoderait,
du reste, mal avec le scepticisme de notre époque.

Il ne faudrait certes pas tenter de revenir aujour-
d'hui aux errements des premiers âges ; mais, d'autre
part, il ne serait pas bon de faire d'un seul couptable

rase de toutes ces croyances, sans en avoir pesé bien exactement la valeur. Nous n'avons pu, pour notre part, faire des recherches à ce sujet; nous nous sommes contenté de recueillir les opinions des savants autorisés qui ont traité ce sujet. Mais le dernier mot est loin d'être dit, et il est aisé de comprendre que le problème de l'influence de la marche des astres sur l'activité cérébrale de l'homme, n'est pas de ceux qu'on peut résoudre d'un seul coup. La science vit de faits, et il faut s'empresser d'enregistrer ceux qui touchent à notre question. On sait que Bacon perdait connaissance pendant les éclipses. M. Gouzer, dans une excellente étude (1), qu'il a fait paraître dans les *Archives d'Antropologie criminelle*, émet cette opinion, basée sur des faits, que la lune possède une influence manifeste sur l'activité cérébrale de l'homme. Pourquoi le résultat n'est-il pas plus évident ? c'est que d'autres facteurs interviennent. D'autre part, il ne doute pas de l'influence de notre satellite sur les fous.

— « Le tort des aliénistes, dit-il, quand ils ont condamné l'influence de la lune sur la catégorie de malades confiés à leurs soins, a été, peut-être, d'avoir poussé les choses à l'extrême, en exigeant, pour admettre cette influence, que leurs malades ne fussent agités que par certaines phases de la révolution de l'astre. Etre exclusif à ce point, c'est d'abord refuser toute action aux autres agents physiques (lumière, température, électricité atmosphérique), et, ensuite,

_____

(1) *Action des courants telluriques, du Magnétisme terrestre sur l'activité cérébrale.* — 15 juin 1891.

commettre un raisonnement des plus faux, comparable en tous points à celui d'un homme qui exige-
rait, pour admettre l'influence de la lune sur les
fluctuations de la mer, que les marées ne se produisent qu'aux époques de la nouvelle et de la pleine
lune. »

Mais il faut ne pas oublier que de la marche des
astres dépendent des phénomènes que l'on peut plus
facilement, peut-être, incriminer. Le changement
brusque de pression barométrique, les tempêtes
magnétiques dépendent en grande partie de l'évolution
sidérale. Or il est reconnu de tous, que le caractère de
la plupart des individus semble suivre de près les
variations atmosphériques, mais le caractère n'est
pas autre chose que la pensée dans ses divers modes
de manifestation, il était donc naturel de diriger ses
investigations vers l'organe de la pensée, et à plus
forte raison sur un cerveau déjà affaibli.

« Une série de recherches poursuivies pendant
trois années consécutives dans ma clinique, dit
M. Lombroso (1), m'a démontré, avec certitude,
que l'état psychique des aliénés se modifie, d'une
manière constante, sous les influences thermomé-
triques et barométriques.

« Cette sensibilité, que j'appelle *météorique*, crois-
sait en raison inverse de l'intégrité des centres
nerveux, très grande chez les idiots, moindre chez
les monomanes. »

D'autre part, M. Gouzer au cours du travail que nous

(1) Lombroso (*Homme de génie*).

avons déjà cité, prenant la courbe des tempêtes
magnétiques pendant une période d'un siècle
environ, que Loomis, a dressée on y voit que les fas-
tigium de la courbe correspondent aux années 1788,
1830, 1841, 1871, la compare aux grandes perturbations historiques.

A elle seule, cette observation ne peut sans doute
pas permettre de conclure d'une façon absolue. Mais
jetons d'autre part un coup d'œil sur la statistique

GRÈVES (Année 1885)

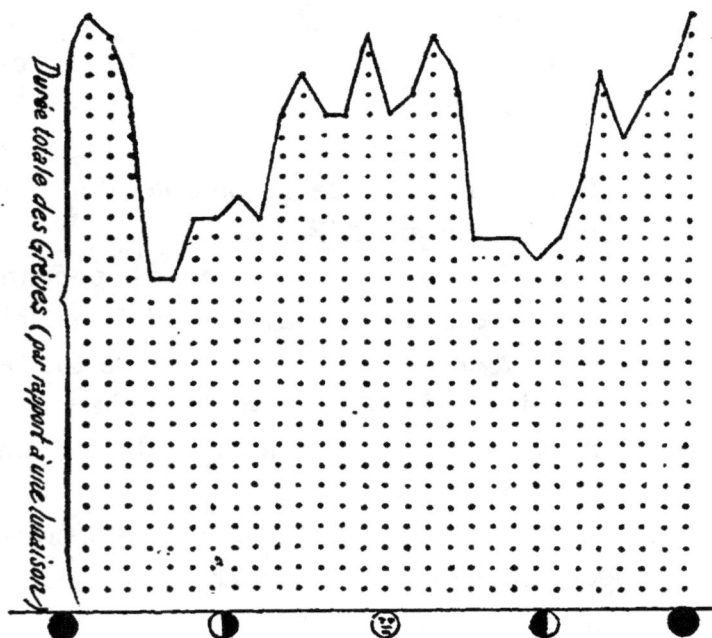

des grèves que cet auteur a dressée. Le graphique ci-
dessus représente la durée totale des grèves de 1885
rapportée à leur époque lunaire.

« En groupant, dit-il, en outre, les faits autour des quatre phases de la lune, l'influence des deux maxima des marées électriques correspondant à la nouvelle et à la pleine lune devient des plus manifestes. En effet, sur un total de 125 dates relevées dans l'histoire de la Révolution française, 48 tombent à la nouvelle lune ; 21 au moment du premier quartier ; 31 à la pleine lune et 25 au deuxième quartier.

Sur 146 émeutes, 39 ont lieu au moment de la nouvelle lune ; 31 au moment du premier quartier ; 44 vers la pleine lune et 32 au deuxième quartier.

Sur 105 grèves de l'année 1885, 33 éclatent à la pleine lune ; 21 au premier quartier ; 27 à la pleine lune et 24 au deuxième quartier.

Résultats qui s'harmonisent nettement avec le phénomène des grandes et des petites marées électriques dont la production a lieu aux mêmes phases de la lune que les marées de l'Océan. »

Tels sont les principaux faits que nous avons pu réunir ; que d'autres du même genre viennent en grossir le nombre et la solution de cette importante question ne se fera pas attendre.

Si nous prenons garde que les phénomènes météorologiques sont sous la dépendance de l'électricité magnétique, de la pesanteur, nous pourrons, ce nous semble, passer sous silence l'étude de ces autres agents physiques.

D. **Son**. — Le bruit est incontestablement un phénomène qui a le don d'impressionner les foules d'une façon notable. Il a d'abord un avantage très réel, en ce sens qu'il force l'attention. On sait que le bruit du tonnerre suffit, à lui seul, à causer une certaine frayeur, bien que chacun soit convaincu de l'absence de tout danger, tandis que l'éclair, principale manifestation de ce danger, laisse, au contraire, plus de calme. Mais il est à remarquer, d'autre part, que le bruit a pour effet d'impressionner la foule généralement d'une façon désagréable, fâcheuse, tandis que les sons rythmés et cadencés sont au contraire choses très goûtées, très recherchées des agglomérations. « La musique des peuples sauvages, dit M. le professeur Lacassagne, trahit ce besoin instinctif.» « Les Parthes, ajoute-t-il d'après Plutarque, avaient très bien observé que l'ouïe est, de tous nos sens, celui qui porte le plus aisément le trouble dans l'âme, qui émeut plus promptement les passions, et transporte plus vivement l'homme hors de lui-même. » On sait combien certains airs ont le don de ranimer l'énergie des troupes.

« Et, fait remarquer Louis Roger (1), plusieurs faits prouvent que la musique n'a pas moins d'efficacité pour apaiser les mouvements impétueux de l'âme que pour les exciter. Le fameux musicien Terpandre, appelé de Lesbos par l'oracle, arrive à Lacédémone, y voit une sédition et calme les esprits par la douceur de ses chants. Depuis cette époque, toutes les fois que les Lacédémoniens voulaient entendre un chanteur, ils le priaient aussitôt de chanter dans le genre Lesbien, ce qui passa en proverbe dans la suite.... »

(1) *Traité des effets de la musique*, 222. — Paris, 1803.

Et plus loin :... « Les Héraclides Rocles et Thémènes étaient en guerre avec les Eurystides qui occupaient Sparte ; aussitôt que ceux-ci aperçurent leurs ennemis ils fondirent sur eux avec impétuosité. Les Héraclides, sans se troubler, commandèrent aux joueurs de flûte de marcher en avant, les soldats guidés par la mesure des instruments s'avancèrent en bon ordre, gardèrent leurs rangs et gagnèrent la bataille. Ils reconnurent par là la sagesse de l'oracle qui leur avait ordonné d'employer la flûte dans les combats comme également propre à animer le courage des soldats, à modérer leur fureur et à prévenir le désordre et la confusion.

« Cyrus, roi de Perse, pour rassurer ses troupes contre les clameurs des ennemis fit entonner l'hymne de Castor et Polux qui produisit l'effet qu'il en attendait.

« Les anciens employaient la musique à beaucoup d'autres usages ; ils s'en servaient pour adoucir la férocité dés peuples barbares, pour exprimer l'ivresse dans les festins, pour inspirer la fermeté, en un mot, pour produire dans l'âme tous les sentiments possibles, pour exciter les esprits à la fureur, à la guerre, à la paix.

« Les hommes s'en servaient aussi pour conserver l'honneur de leurs épouses, et l'on rapporte que Clytemmestre, femme d'Agamemnon, ne céda aux poursuites d'Œgisthe que lorsqu'il eut tué le musicien Démodocus, à qui Agamemnon avait confié la garde de sa femme ; Ulysse fut plus heureux, il plaça, dans le même but, le musicien Phénius, frère

de Démodocus, auprès de sa femme Pénélope qui
lui resta fidèle. Nous regrettons, aujourd'hui, que
la musique ait perdu une propriété si importante ; il
n'est plus aucun mari qui osât imiter la conduite de
ces illustres grecs. »

E. Mouvement. — Nous terminerons les modificateurs physiques par quelques considérations sur le
travail. C'est une question sociale de première importance. Il est, en effet, à remarquer que ce sont
toujours les oisifs, les paresseux, qui, pendant les
périodes d'agitation, de révolte, constituent l'élément
le plus nuisible, le plus à craindre. L'oisiveté, en
effet, permet aux mauvais penchants, aux mauvaises
aspirations de se grossir encore par l'imagination ;
d'autre part, les individus qui craignent le travail se
recherchent entre eux, forment des clubs, des asso-
ciations, des sociétés généralement de la pire espèce.
C'est encore ces individus que nous retrouverons
dans les foules criminelles, et c'est lorsque cette oisiveté progresse et monte les degrés de l'échelle sociale qu'une nation, qu'un peuple marche vers sa dé-
cadence. Rome nous en a donné l'exemple le plus
frappant. C'est dans le repos que les armées s'amollissent. L'on n'ignore pas l'influence désastreuse et pro-
verbiale que le séjour de Capoue produisit par l'oisiveté sur les soldats d'Annibal.

2· MODIFICATEURS CHIMIQUES

A. **Air, Eau, Sol.** — Nous passerons rapidement sur ces trois éléments, dont chacun peut encore rentrer dans l'étude des climats, des saisons. Il est incontestable que l'air confiné agit d'une façon nuisible sur le cerveau, il n'y a qu'à voir une réunion enfermée à l'étroit dans une salle, on sait en pareil cas combien s'affirme et se propage l'agitation, d'agacement nerveux qui rend irrascible, colère et perturbateur; on sait enfin combien l'influence salutaire, l'air pur et frais du dehors agit sur ces mêmes esprits d'une façon favorable.

Au sujet de l'eau, nous dirons quelques mots de celle qui se trouve dans l'atmosphère : « Dans les milieux humides, dit M. le professeur Lacassagne, l'organisme subit une action lente, mais continue, qui le conduit à une déchéance générale; on dit des habitants des contrées humides qu'ils ont la chair molle. » Il est tout naturel que dans de pareils milieux la surexcitation nerveuse ne peut pas être bien grande, aussi n'a-t-on pas à faire là à des perturbations politiques, ni à des agitations collectives.

La pluie ne peut guère rentrer ici en ligne de compte, elle agit, en effet, surtout comme agent physique, et c'est cette action qu'on met à contribution pour disperser, par l'intermédiaire des pompiers, les foules tumultueuses.

Quant au sol, son influence semble bien plutôt dépendre du climat sous lequel il se trouve, de l'état

3

atmosphérique, que de sa nature même. Nous n'y reviendrons pas.

B. **Alimentation**. — L'alimentation en général est assurément un facteur important dans la question sociologique, mais un facteur indirect, par la misère que peut occasionner le défaut de nourriture. La misère n'a eu que trop souvent, en effet, pour conséquences, les agitations, les perturbations, les révolutions même. « Les qualités du pain, au point de vue de sa fabrication, dit M. le professeur Lacassagne, et de son apparence, sont toujours en rapport avec l'état de civilisation du peuple qui s'en nourrit. »

Mais dans l'alimentation ce qui prête le plus à des considérations de cette nature, c'est l'abus de l'alcool et de toutes les boissons fermentées. La plupart d'elles sont faites pour mettre le cerveau dans un état de surexcitation dont l'intensité augmente encore par le contact des individus et l'on sait trop quelle physionomie revêt une collectivité, l'état d'égarement que présentent ces réunions, chez qui l'ingestion habituelle et chronique de l'alcool finit par aliéner d'une façon plus ou moins complète les facultés, jusqu'à quel degré d'abaissement et de dégradation morale peut tomber une société sujette à des abus de ce genre.

3° MODIFICATEURS IMDIVIDUELS

Les considérations de cet ordre sont d'une simplicité qui tient à l'évidence. Il ne viendra à l'esprit de personne d'attendre d'une réunion d'enfants ce que l'on peut espérer d'une collectivité d'hommes faits. Remarquons cependant que ces derniers, quand ils sont réunis en foule, tendent, la plupart du temps, à se rapprocher, par leurs actes, du jeune âge.

Nous aurons plus d'une fois, dans le cours de notre travail, à montrer la différence de se comporter entre les réunions de femmes et les réunions d'hommes.

Enfin, il est bon de tenir compte d'un fait moins remarqué à première vue, c'est une sorte d'hérédité dans les foules. Telle collectivité, telle société, ne se trouvera souvent satisfaite que lorsqu'elle aura accompli un acte, manifesté de telle ou telle manière, parce qu'il est de tradition de le faire ainsi.

Il nous semble qu'on en peut trouver un exemple dans les manifestations d'étudiants qui ont pour caractère de parcourir les rues d'une ville, à la file les uns derrière les autres; il ne peut y avoir là de réel plaisir, de réelle satisfaction, si ce n'est celle de s'être affirmés membres d'une corporation, d'une collectivité qui a ses traditions.

4° MODIFICATEURS SOCIOLOGIQUES

Nous ne pouvons entrer dans l'étude de ces modificateurs; ils agissent sur l'individu bien plus que sur leur réunion. Les sociétés, les peuples, les nations sont en effet plutôt le résultat des modificateurs énumérés que des modificateurs eux-mêmes.

Telles sont rapidement passées en revue les diverses influences qui se font sentir sur les agglomérations, sur les foules. Prétendre vouloir assigner à chacune son rôle exact, en pareille circonstance, serait audacieux : Tout se combine et se complique. Nous avons voulu simplement montrer que la foule comme l'individu peut être modifiée par tous les éléments. Nous allons passer à d'autres considérations et examiner dans quel sens peuvent agir ces influences, quels sont les actes de la foule, quels en sont les résultats et quelle explication cn en peut donner.

CHAPITRE II

IMITATION SOCIALE

CONTAGION MORALE — SUGGESTION

Nous pensons avoir suffisamment établi que, dans une foule où la vitalité semble s'épanouir sous toutes les apparences du désordre et du bouleversement, il se produit, au contraire, ce qui, moralement, est l'ordre le plus parfait : « l'unanimité des esprits ».

Il nous faut, maintenant, rechercher la raison de ce phénomène, essayer d'en donner une explication. Il semble, tout d'abord, difficile de pénétrer l'essence même de la foule ; les éléments qui la constituent sont souvent fort hétérogènes, et l'observateur n'en connaît, la plupart du temps, qu'un nombre bien restreint ; son activité se manifeste, d'autre part, sous bien des formes, sous bien des modalités absolument divergentes. Chacune d'elles a-t-elle un point de départ différent, ou bien est-il possible de trouver un criterium, une formule générale applicable à toutes.

Qu'on examine la chose plus attentivement, qu'on regarde de plus près, et l'on s'aperçoit alors qu'il y a dans toutes les foules quelque chose de commun. Ce qui les constitue, avons-nous dit, c'est le développement d'une préoccupation, d'une idée unique ; n'est-ce pas là la conséquence, le résultat d'un travail cérébral ?

Et, en effet, chez tous, pour que la foule arrive à cet état de cohésion mentale qui la constitue, un organe, chez tous, a été mis en action : *le cerveau.* C'est évidemment vers ce facteur constant et éminemment sensible aux réactions matérielles ou psychiques que nous dirigerons nos investigations.

La science vit de faits, ne peut être sans des faits, et elle est vraie quand leur interprétation est juste. Heureusement, pour notre sujet, nous a-t-il été possible d'en réunir un grand nombre ; c'est à regret que nous avons dû en restreindre la multiplicité. Nous espérons, cependant, que ceux que nous avons choisis donneront aux opinions que nous avons dû émettre une simplicité et une clarté qui les rendra moins surprenantes, sinon vraies. Nous procèderons du simple au composé, du particulier au général. Nous commencerons par les exemples qui comportent en eux-mêmes leur explication, et, de déductions en déductions, avec, chaque fois, quelque apport nouveau, nous pourrons nous élever aux faits qui, de prime abord, paraissent inexplicables.

Il est banal, mais non superflu pour notre cause, de faire remarquer combien est grande l'influence d'un esprit sur un autre. Nous savons tous combien est forte cette faculté, qu'a un maitre, de façonner son disciple à sa manière, de l'adapter à ses vues, à ses idées, à ses croyances; de développer chez lui une foi absolue à ses opinions, une admiration entière pour ses actes. C'est là un fait reconnu de tous. Or, cette influence peut se faire sentir sur deux, sur trois... sur un plus grand nombre même, et on est alors en présence de toutes les écoles littéraires, scientifiques, artistiques, de toutes les théories qui ont occupé le monde antique comme celui d'aujourd'hui.

L'histoire de toutes ces écoles à son point de départ dans l'imitation de l'un pour l'autre. Tout, en somme, peut se réduire à l'imitation : modes, coutumes, langues, religions, etc... imitation que tout cela. D'où vient donc cette sorte d'obligation ? Remarquons, d'abord, que le besoin qui se fait sentir avec le plus d'intensité chez l'homme, c'est le besoin d'agir; notre organisme n'est en réalité qu'une collection de combustions et de réactions qui développent constamment une énergie potentielle dont la dépense et l'emploi sont indispensables, cette énergie se dévoile, et évolue dans tel ou tel sens selon la direction qui lui sera imprimée. Cette faculté d'impulsion est dévolue, avons-nous dit dans le chapitre précédent, aux phénomènes physiques du monde extérieur. Or, l'influence est constante à tel point qu'elle devient inconsciente et ceci aussi bien pour la pensée et les sentiments que pour tous les autres modes de manifestation :

« L'esprit et le cerveau, dit Maudsley (1), reçoivent et s'assimilent une foule d'impressions externes qui n'affectent pas la conscience ou ne l'affectent que très faiblement, comme tous les organes du corps reçoivent du sang les matériaux aptes à les nourrir et se les assimilent; ainsi l'organe de l'esprit s'assimile, à son insu, les influences variées du milieu ambiant, qui lui arrivent par les organes des sens. Les impressions qu'il reçoit et qu'il retient de telle sorte, ne produisent pas d'idées ou de sentiments définis, mais laissent néanmoins après elle des modifications permanentes dans la manière d'être de l'esprit.

« L'homme peut choisir le milieu dans lequel il vivra, mais il n'est pas maître des événements et ne peut se soustraire à leur influence ni aux modifications corrélatives de son caractère. Nous acquérons de cette manière non seulement de petites habitudes de mouvement, mais des habitudes de pensée, de sentiment qui finissent peu à peu par s'organiser ou s'incarner dans nos centres nerveux; de telle sorte que cette nature acquise peut, en fin de compte, arriver à dominer un individu qui n'a nulle conscience de sa métamorphose.

« Notez soigneusement vos rêves et vous trouverez qu'une foule d'images, en apparence peu familières à votre esprit et qui vous avaient d'abord semblé nouvelles et bizarres, se relient néanmoins aux impres-

(1) Maudsley, *Physiologie de l'Esprit.*

sions des jours précédents, inconsciemment assimi-
lées.

« Nous connaissons plusieurs faits dans le genre de
celui que raconte Coleridge, d'une domestique qui,
dans le délire et la fièvre, récitait de longs passages
en hébreu, qu'elle ne comprenait certainement pas et
qu'il lui était impossible de se rappeler quand elle
était bien portante, mais qu'elle avait entendu lire à
haute voix par un clergyman chez qui elle servait. Un
autre fait attestant l'activité inconsciente du cerveau
est que certains idiots, n'ayant que peu ou point d'intelligence, possèdent une mémoire remarquable et
peuvent répéter exactement de longs récits. De même
un profond chagrin, ou quelque autre cause telle que
la dernière lueur de la vie, produisent quelquefois
chez les idiots des manifestations intellectuelles dont
ils semblaient incapables. Ces observations mettent
hors de doute l'assimilation inconsciente, même pour
les esprits incomplets, d'une foule d'impressions dont
il leur était impossible de rendre compte, mais qui
psychiquement laissent en eux des traces durables.

« La conscience est un phénomène concomittant des
opérations de l'esprit. Un homme *sans la conscience* n'en
serait pas moins une bonne machine intellectuelle. Il
suffit pour cela de se figurer que son système nerveux
continue à être sensible aux influences dont jadis il
était conscient et que nous puissions, à l'aide du
microscope, du galvanoscope ou de quelque autre instrument futur plus délicat, reconnaître de dehors les
opérations de son cerveau. La seule chose supprimée
serait le sens interne par lequel l'individu auparavant

observait ou opérait dans son propre esprit ; quand aux opérations elles-mêmes, elles resteraient ce qu'elles étaient : l'agent continuerait son activité en l'absence du témoin. »

Mais n'y a-t-il que les phénomènes physiques qui aient ce pouvoir, cette faculté d'impressionner nos sens ou notre esprit, à coup sûr, nous ne le croyons pas. « Les manifestations, dit Prosper Despine (*La Folie*) de tous les éléments instinctifs bons ou mauvais de notre esprit, sentiments et passions, ont la propriété d'exciter et d'éveiller les mêmes éléments instinctifs dans l'esprit des témoins qui possèdent à un certain degré ces mêmes éléments instinctifs. Le mot contagion est, dans ce cas, parfaitement adopté. Nous devons à Esquirol son application au cas présent. La contagion des bons exemples est un fait trop généralement reconnu pour qu'il soit nécessaire d'insister sur sa démonstration. On a même tiré parti de la connaissance de la contagion morale pour exciter, développer et perfectionner les qualités du cœur, les bons sentiments de l'enfant; ce qui a lieu pour les bons sentiments a exactement lieu, et pour la même raison, pour les mauvais sentiments, pour les passions. La connaissance de ce fait est aussi répandue que celle du premier, puisque tout en cherchant à développer les facultés morales par les moyens qui viennent d'être indiqués, on a soin d'éloigner de l'enfant les mauvais exemples et les récits immoraux, dans la crainte de pervertir son cœur. *Le principe de la contagion morale est donc un fait irrécusable démontré par l'observation et universellement accepté.*»

Mais est-ce tout, ne sera-t-il pas possible de surprendre le secret de ce phénomène qui semble surnaturel. Pour le moment, à coup sûr, une explication absolue n'est pas donnée, le champ des hypothèses est absolument libre. Sans prétendre décorer de ce nom les réflexions qui nous ont été suggérées à ce sujet, nous nous permettrons de les émettre, elles satisfont notre esprit; mais hâtons-nous d'ajouter que nous n'avons rien là de préconçu et que nous sommes prêts à les rejeter dès qu'on nous en aura prouvé la fausseté. La pensée, avons-nous dit bien des fois, est croyons-nous fermement, le résultat de phénomènes intimes qui se passent dans les cellules nerveuses; deux choses peuvent se concevoir : ou bien chaque cellule a toutes les propriétés, ou bien elles sont groupées de façon à former des centres psychiques. Quand l'expérimentation, et nous sommes convaincus de la chose, aura tranché la question, elle aura ajouté le plus beau fleuron qui puisse orner sa couronne déjà si brillante.

Dans le premier cas, à chacune des modifications se passant indifféremment dans l'une quelconque des cellules cérébrales, correspondrait un sentiment, une émotion : le chagrin, l'amour, la piété, la charité, etc. Dans le second cas, au contraire, chacun de ces sentiments aurait son centre particulier.

L'explication vaudrait pour un cas comme pour l'autre. Il y a déjà une différence dans la manifestation entre l'animal et l'homme. « Chez les animaux, c'est surtout et d'abord le muscle qui imite le muscle; chez nous, c'est d'abord et surtout le nerf qui imite le nerf,

le cerveau, le cerveau ». Tarde (*Lois de l'imitation*).
Serait-il complètement insensé de pousser les investigations plus loin, et d'avancer que, telle vibration, telle modification moléculaire qui se passe dans
un cerveau, peut amener la même vibration, la même
modification dans un autre ; ou que la mise en jeu
de tel centre psychique dans l'un, puisse mettre
en jeu le centre correspondant dans le cerveau voisin. On ne peut exiger la preuve de ce que nous
avançons ; nous ne faisons qu'émettre un doute sur la
modalité de l'activité cérébrale. On ne peut arguer
contre notre raisonnement, l'absence de modifications perceptibles aux sens, mais l'instrument le plus
admirable, mis entre les mains du savant le plus
compétent, n'est encore, on le sait, qu'une grossière
loupe mal polie pour surprendre les phénomènes
cellulaires dans leur intimité. « Le tétanos, dit Ball,
excite au degré le plus marqué les fonctions de la
moëlle épinière, et détermine des convulsions qui
aboutissent à la mort, et, cependant, les lésions
caractéristiques du tétanos sont encore à trouver.
Ne pourrait-il y avoir, dans certains cas, un *tétanos
de l'intelligence*, c'est-à-dire une action d'une épou-
vantable violence portée sur les centres intellectuels,
et ne se traduisant par aucune lésion constante ? »

Il faut bien, du reste, qu'il existe une action inter-
cérébrale pour concevoir la création du langage ou
l'intelligence des signes entre les animaux. Rappelant
l'époque préhistorique ou la parole était inconnue,
M. Tarde s'exprime de la façon suivante :

« Comment alors d'un cerveau à un autre s'opérait le transvasement de leur contenu intime, de leurs idées, de leurs désirs ? Il s'opérait, en effet, si l'on en juge par ce qui se passe dans les sociétés animales dont les membres semblent se comprendre presque sans signes, comme en vertu d'une sorte d'électrisation psychologique par influence. On doit admettre que, dès lors, et peut-être avec une intensité remarquable, décroissante depuis lors, s'exerçait une action inter-cérébrale à distance, dont la suggestion hypnotique peut nous donner vaguement l'idée autant qu'un phénomène morbide peut ressembler à un phé. nomène normal. L'invention du langage a grandement facilité, mais n'a pas créé, pour la première fois, l'inoculation des idées et des volontés d'un esprit dans un autre esprit, et, par suite, la marche de l'imitation ab *interioribus ad exteriora*, car, sans cette marche préexistante, la production du langage est inconcevable.

« Le difficile n'est pas de comprendre qu'un homme, le premier inventeur de la parole, se soit avisé d'associer dans son esprit une pensée à un son (complété par un geste), mais c'est de comprendre qu'il ait pu *suggérer* cette liaison à autrui rien qu'à lui faire entendre ce son. Si cet auditeur s'était borné à répéter le son en question, comme un perroquet, sans y attacher le sens voulu, on ne voit pas comment cette *écholalie* superficielle et mécanique aurait pu le conduire à l'intelligence de la signification donnée par un étranger et le faire passer du son au mot. Il faut donc admettre que le sens lui a été transmis avec le

son par une autre voie, que l'auditeur, avant de reproduire le son, a reflété le sens. Assurément, l'admis-
sion d'un tel postulat ne doit pas coûter à qui connaît
les tours de force hypnotiques, les miracles de la
suggestion, si vulgarisée dans ces derniers temps. »

Le fait d'imitation, dans les exemples que nous avons
cités, semble procéder d'une façon lente et progres-
sive, il y a là comme une contagion chronique. Mais ce
phénomène peut se produire rapidement, brusquement,
comme à l'état aigu. Dans ce cas, il est à remarquer que l'imitation devient un fait pathologique
évoluant sur un terrain favorable et prédisposé, parce
que l'acte reflexe de l'imitation est la conséquence
d'une action morbide ; c'est de cette façon que nous
voyons se produire les cas de délire à deux, les tenta-
tions de *suicide double*, et l'étude psychologique de
ces affaires passionnelles où l'on trouve toujours en
présence deux êtres de force et de constitution inégales,
le plus souvent amant et maitresse, établissent que
l'intensité de l'imitation est proportionnelle à la mor-
bidité de l'élément qui influence et au degré de fai-
blesse, par conséquent de réceptivité de l'élément
influencé. L'étrange pouvoir qu'a un épileptique sur
ses voisins, bien que déjà du domaine de la folie,
vient à l'appui des mêmes réflexions et s'explique de
la même façon.

Mais il y a loin, peut-on dire, de ces faits de dualité
aux événements qui englobent toute une foule.
Comment se fait-il que dans une foule les sentiments, les penchants, les manifestations de la
pensée en un mot, prennent une intensité plus grande,

semblent même quelquefois prendre jour de toute pièce et que, par exemple, une réunion d'individus sains et bien pondérés, tant au point de vue moral que sociologique, devienne dissolue, corrompue et nuisible. Il est d'observation quotidienne que dans les grandes agglomérations de jeunes gens et d'adolescents, naissent, se répandent et se diffusent avec une intensité, une rapidité surprenante les mauvais penchants et les mauvais instincts, alors que, pris individuellement, chacun de ces esprits, loin de revêtir le caractère de la perfection, peut être considéré comme bon, on sait combien ce fait a frappé les yeux de ceux qui s'occupent des générations naissantes et de quel poids cette remarque peut-être dans la question des internats.

Ailleurs, il suffit de prendre en considération, entre mille, un de ces centres d'activité humaine où, malgré toutes les tentatives, on spéculera longtemps encore sur le sexe et sur l'âge, pour être frappé de ce degré colossal de corruption qui cadre si mal avec la nature et la jeunesse de ces esprits, pour voir avec quel étonnant et triste ensemble, les mêmes aspirations, les mêmes désirs, les mêmes vices, s'élèvent dans l'atmosphère malsaine de ces réunions, et, combien sont grandes, les chances de réussir, pour tout ce qui est du domaine moral et vertueux. D'autre part, si nous jetons un coup d'œil rétrospectif sur les prétentions audacieuses, les attitudes souvent menaçantes et les actes quelquefois criminels de cette autre foule, qui se constitue cependant sous le patronage d'une loi française, nous verrons combien est justifiée cette pensée : « L'industrie, dont nous sommes si fiers dans notre siècle, a produit la prostitution chez les femmes et la révolte chez les hommes ». Nous tenons cependant à ajouter qu'il n'est point dans notre pensée de rendre l'industrie seule responsable de l'état moral social. Tous ces faits et d'autres encore de la même catégorie sont féconds en enseignements et les conclusions auxquelles nous serons obligés de nous arrêter auront une importance réelle.

Il semble que nous avons choisi, à dessin, des exemples montrant la foule sous un mauvais jour, il est juste de faire remarquer que les bons sentiments, tels que la justice, la charité, le dévouement ont souvent entrainé la foule, mais il y a dans ce cas quelque chose de plus ; un nouveau facteur intervient que nous examinerons tout au long dans quelques instants.

Où ces faits trouveront-ils leur explication ? Nous avons fait remarquer, en passant, que l'imitation qui se produit pour deux, existe aussi pour plusieurs, pour un plus grand nombre. Nous allons montrer que cette imitation prend un caractère plus intense et plus spécial à mesure que la foule devient plus cohérente par ses éléments. Chacun, en effet, apporte dans la réunion son contingent de bons et de mauvais penchants, or il est incontestable, que, chez l'individu en particulier, c'est la somme de ces derniers qui l'emporte, et si, dans la vie ordinaire, on remarque souvent les premiers, c'est qu'il y a un ensemble de respect humain, de crainte, de sanction, d'éducation, etc. qui enraye « le mauvais homme » pour parler d'une façon banale ; d'autre part, chez les jeunes gens et chez

les jeunes femmes, à l'époque où les sens commencent
à parler, l'influence de ces derniers prime tout le
reste. De sorte que, dans la collectivité, on a une
réunion d'individualités, dont la somme des penchants, bons et mauvais, est à l'avantage des mauvais. Il s'établit dès lors une influence qui commence
par créer une imitation à deux ; ces séries réagissent
les unes sur les autres d'une façon réciproque, de telle
sorte que la balance des actions, qui penchait légère-
ment d'un côté chez chaque élément, est emportée dans
la réunion, d'une façon irrésistible, fatale, du même
côté :

« Des communications trop intimes avec nos semblables, dit J. L. Roger, aiguisent notre sensibilité.
L'homme qui ne peut se mouvoir librement dans la
sphère de son existence, et qui partout se trouve en
contact, devient faible et vicieux, son âme se rétrécit.»
Il se produit donc un véritable phénomène de suggestion inconsciente, réciproque, où chacun est en même
temps influence et influencé, de telle sorte que l'intensité
de la suggestion croît géométriquement avec le nombre
des éléments. Il se passe pour les sentiments, pour cette
contagion morale, ce qui se produit pour le malade,
pour la contagion morbide : la conséquence est une
véritable épidémie morale, qui agit évidemment avec
plus d'intensité là où le terrain est prédisposé : épidémie de mal et de bien, mais plus fréquemment de
celle-là que de celle-ci et qui généralise en intensité,
en manifestation, qui rend apparent et fertilise un
germe jusqu'alors latent et caché, au moins chez un
grand nombre.

DU PRESTIGE DANS SES RAPPORTS AVEC L'HYPNOTISME
ET LE SOMNAMBULISME

Passons maintenant à d'autres considérations dont, à première vue, il est permis de ne pas saisir le lien qui cependant les unit étroitement à celles qui nous ont occupé.

Comment se fait-il qu'un seul homme, par ses actions, ses idées, une parole ou même un cri, un geste, donne à toute une foule une nouvelle impulsion, fait naitre de nouveaux sentiments ? Par quelle étrange influence d'un seul, dans un cercle d'amis, dans une nation, à travers un continent, l'univers entier, et croissant toujours en intensité, en rapidité, il se développe, il se propage une croyance nouvelle qui affirme dans les cœurs une foi jusqu'alors inconnue ? — C'est, dit-on, la conséquence du prestige qui s'attache à cet homme ou même à telle action, à telle idée, à telle parole, à tel cri, à tel geste : constatation simple, mais qui n'ajoute absolument rien au fait, qui n'explique rien.

Essayons donc de pénétrer plus avant, de déterminer, si c'est possible, quelle est la cause du prestige, ce qu'il est, comment et pourquoi il s'exerce.

De tout temps le prestige a existé. Dans l'antiquité la plus reculée, aussi loin que la tradition permet de remonter dans l'histoire de l'humanité, on trouve des hommes qui, d'une façon plus ou moins spontanée, ont exercé une influence marquée sur leurs contemporains, leur en ont imposé par quelque vertu, par quelque vice même, ont trouvé parmi eux et leurs descendants des admirateurs, des imitateurs.

Aussi, les exemples ayant trait au sujet et auxquels nous avons recours seront bien restreints par le nombre, à côté de la série interminable, infinie, qu'on pourrait tenter d'en donner. Puissions-nous seulement présenter ces quelques faits, les uns connus, les autres moins répandus, sous un jour suffisamment favorable pour rendre simple et naturelle une explication de tous les éléments qui semblent compliquer la question.

Qu'étaient les Prophètes, ces hommes dont nous n'entrevoyons l'image qu'à travers l'épais brouillard des siècles et dont l'influence fut si colossale, qu'ils personnifient à eux seuls toute leur époque ? « Ils constituaient, dit M. Munk, la classe la plus éclairée de la nation. » Il n'y a pas de science, il n'y a pas de connaissance qu'ils n'aient tenté de pénétrer, d'acquérir. Et c'est grâce à cette profonde érudition qu'il leur a été permis d'attirer d'abord sur eux l'attention de leurs contemporains, de les étonner ensuite. Ils frappaient les esprits de toutes les façons. Ils arrivaient à la persuasion, insensiblement ; ils se disaient les apôtres du Messie, et quand ils prédisaient son arrivée, ils ne faisaient, à coup sûr, que formuler une espérance en laquelle leur foi était absolue : l'avènement d'un *roi sacré* « qui aura vaincu toutes les consciences, et établi un empire universel. » Constamment, ils se prévalent de Jehovah ; « en son nom, ils menacent, consolent, promettent, font agir. Souvent, ils s'inspiraient au son des instruments de la musique, et, pour faire plus d'impression sur leurs auditeurs, joignaient à leurs paroles des actes symboliques. » Mais, qu'on y regarde de plus près, et « ces prétendus miracles ne sont que des connaissances physiques qu'ils mettent à leur disposition et qui étonnent les Hébreux. » Remarquons enfin qu'ils exerçaient la médecine (Elisée guérissait de la lèpre le général syrien Naaman, Isaï soignait le roi Ezechias, atteint de la peste) ; — et, du merveilleux qui s'attachait à cet art, ils ne durent pas manquer de se faire un puissant levier.

Vingt-cinq siècles et plus se sont écoulés depuis que Bouddha fondait une religion qui, aujourd'hui encore, dirige plus d'un cinquième de l'humanité vivante. Le désir d'atteindre la perfection morale le détermina pendant de longues années à la solitude la plus absolue ; le nom de *Çakyarnouni* (*Çramana* ascète, *mouni* solitaire) par lequel on le désigna en témoigne. Et, lorsqu'il eut ainsi réfléchi sur toutes choses, après s'être pénétré lui-même de cette pensée qu'il avait une mission à remplir, alors seulement il osa, peu à peu, divulguer ses entretiens avec la divinité ; comme il était la bonté même, comme il personnifiait la Justice, insensiblement il recruta des adeptes et bientôt le baptême de sa religion, répandu sur des têtes innombrables, vint le consoler des luttes qu'il eut à soutenir, mais qui lui servirent souvent.

Examinons, d'autre part, quel est le pays où s'est implanté le Brahmanisme. Le Brahma c'est la personnification de la Divinité suprême, ses premiers adeptes eurent d'abord à lutter contre l'élément militaire (les Kshattriyas) de la contrée, dont ils voulaient occuper le pouvoir absolu. « Le soleil de l'Inde est « terrible, dit M. Taine. Les exercices corporels de

« viennent intolérables, les muscles s'amollissent,
« les nerfs deviennent excitables, l'intelligence rê-
« veuse et contemplative, et vous voyez se former
« l'étrange peuple que les voyageurs nous décrivent. »

« Une sensibilité féminine et frémissante, une finesse
de perception extraordinaire, une âme située sur les
confins de la folie, capable de toutes les fureurs, de
toutes les faiblesses et de tous les excès, prête à se
renverser au moindre choc, voisine de l'hallucination,
de l'extase, de la catalepsie ; une imagination exubé-
rante dont les songes monstrueux placent et tordent
l'homme comme des géants écrasent un ver ; aucun
sol humain n'a offert à la religion de semblables prises. » Et dans un pareil pays plaçons des hommes
résolus essayant par tous les moyens d'agir sur cette
sensibilité, d'exalter l'imagination, qu'ils aient cette
suprématie gigantesque de la science, de l'intelligence
et de l'audace sur l'ignorance, la naïveté et la crainte
et nous ne serons pas surpris de l'influence qu'ils y
gagneront.

On sait l'anecdote curieuse qui nous montre cette
influence, ce prestige pouvant s'exercer chez un être
absolument dépourvu de tout avantage physique,
quelquefois même maltraité, sous ce rapport, par la
nature. Les Lacédémoniens ayant, pendant la
deuxième guerre du Péloponèse, demandé par ordre
de l'oracle des secours aux Athéniens, ceux-ci leur en-
voyèrent comme par dérision le poète Tyrtée qui était
boiteux et borgne, mais celui-ci par ses chants belli-
queux, par ses harangues enthousiastes sut amener
les Spartiates à tel point qu'ils finirent par remporter
la victoire.

Le fondateur de l'Islamisme, trouva la Perse dans la plus complète anarchie; tous les cultes, toutes les croyances de la Haute-Asie avaient laissé là des traces de leur passage, tous les empires s'étaient appropriés quelque lambeau de ce pays. Mahomet rêva d'y établir une seule politique, une seule religion. Comme Bouddha, il va puiser dans une solitude de 15 années les forces nécessaires à l'accomplissement de son but. Puis plein de confiance en lui, à qui l'ange Gabriel avait apparu en l'appelant l'apôtre de Dieu, il se prépara à la propagation de ses croyances, de sa foi. D'abord son épouse Khadidja, femme simple et craignant Dieu, puis son parent Varaca, puis son cousin Ali, puis son esclave Zaïd, puis Abou-Bekr magistrat dont l'influence lui recruta Othman, c'est d'abord un par un qu'il choisit ses adeptes. On sait les luttes qu'il eut à soutenir, la persévérance, la volonté et l'audace qu'il eut à déployer. Ces qualités, son aspect majestueux, sa voix chaude et convainquante, même et surtout certains accidents heureux que ses adeptes comme ses ennemis purent mettre sur le compte de l'inviolabilité divine de sa personne, tel celui qui terrorisa ses ennemis et leur fit prendre la fuite en voyant s'abattre le cheval du soldat qui allait l'arrêter; tout cela constitue l'ensemble des moyens qui lui ont permis d'en imposer et de subjuguer les esprits.

Rappelons également cette influence curieuse du Vieux de la Montagne sur ses disciples. Leur nom *Haschischins,* dont on a fait le mot assassin, leur vient d'une liqueur le *haschich* que le chef Haçan-ben-Saboth-Homaïri leur faisait boire et par laquelle ils étaient pris d'une ivresse délirante qui leur donnait un avant-goût des félicités éternelles. Ici encore, nous voyons le prestige prendre naissance dans le mystérieux, l'inexplicable ; il est hors de doute, en effet, que ces sectaires conservaient dans la veille le souvenir de leurs hallucinations, et qu'ils voyaient dans leur chef un être d'essence suprême et peut-être divine, aussi n'est-il pas étonnant qu'il ait pu élever « des jeunes gens dans un dévouement si absolu à ses volontés qu'ils allaient sans crainte exécuter ses arrêts de mort contre les rois et les princes ses ennemis. »

Qu'on se rappelle l'état de l'Europe au moment où Pierre l'Ermite, une croix à la main, haranguait le peuple et, le bras tendu vers l'Orient s'écriait : « Dieu le veult, Dieu le veult ». Qu'on prenne garde de la confiance de la foi inébranlable qui animait cet apôtre, de l'auxiliaire puissant qu'il trouva dans les sentiments religieux et guerrier, qu'on tienne compte également des intérêts de toute nature qui se partageaient l'échelle sociale de l'époque, il sera aisé de voir que l'immense vague humaine qui reflua vers l'Orient n'attendait qu'un signal pour donner un libre cours à son impétuosité.

Quelle étonnante et surprenante histoire que celle d'une jeune fille, d'une enfant arrivant à prendre un ascendant colossal sur les hommes de guerre et de bataille, qui ont nom Baudricourt, la Hire, Zantraille, etc. On peut suivre pas à pas l'établissement de son prestige. Elle commence d'abord à occuper l'opinion publique. « On se racontait ses visions. On était touché du grand cœur de cette vierge. Les gens du peuple s'éprirent pour elle d'un bel amour. » Plus tard c'est le tour de Baudricourt qui ,« voyant que Jeanne s'obstinait et que le peuple croyait en elle, fut ébranlé». A chaque instant, dans le récit de ses actes, comme dans celui de son interrogatoire, on voit percer cette confiance absolue, cette foi extraordinaire qui entraînèrent le Dauphin. « Puisque les hommes d'armes n'ont rien pu, dit-il, essayons cette jeune fille. Miracle ou folie, sa foi au succès, changera peut-être la face des choses. » (1)

Il n'y eut bientôt pas jusqu'aux gens d'église, jusqu'aux théologiens qui, d'abord, scandalisés de l'imposture, ne fussent subjugués, et « ils espéraient que l'enthousiasme de Jeanne allumerait l'enthousiasme des gens d'armes. » Il est facile de comprendre que cette influence se soit aussi bien propagée dans le camp des ennemis; les plus sceptiques, les plus incrédules, pensons-nous, auraient fini par se demander si une puissance surnaturelle et réelle n'était pas attachée à cette enfant qui adressait un message ainsi conçu au duc de Bedfort : « Je suis la Pucelle envoyée de par Dieu. Rendez-moi les clefs des bonnes villes que vous avez prises et violées en France. Mission m'a été donnée pour réclamer justice....., si vous ne partez, attendez nouvelles de la Pucelle, qui vous ira voir à votre grand dommage. Tous vous serez chassés ou occis. » Aussi, n'est-il pas surprenant d'entendre les

(1) Joseph Fabre. — *Jeanne d'Arc libératrice de la France*, 29.

soldats se raconter « que des hommes armés de toute
pièce avaient été vus chevauchant en l'air sur de
grands coursiers blancs, qu'ils criaient aux popula-
tions effrayées : « Français, n'ayez pas peur ! » Ces
histoires tournaient la tête aux Anglais. Ils imaginè-
rent les plus terribles prodiges et s'abandonnèrent à
l'épouvante. Que de fois il lui a suffi de ramener ses
amis fuyant, en s'écriant : « Au nom de Dieu, sus
aux Anglais, ne suis-je point avec vous ! » (1)

A coup sûr, l'art de dominer les hommes, d'en imposer à ses contemporains, aux générations futures
ne s'est jamais déployé avec plus de perfection, avec
plus de force que chez Bonaparte. « Son procédé, dit
M. Taine, qui est celui des sciences expérimentales,
consiste à contrôler toute hypothèse par une application précise, observée dans des conditions définies.
Tous ces mots sont des coups de feu dardés coup sur
coup. Il n'y eut jamais, même chez les Malatesta et
les Borgia, de cerveau plus sensitif et plus impulsif,
capable de telles charges et décharges électriques, en
qui l'orage intérieur fut plus continu et plus grondant,
plus soudain en éclairs et plus irrésistible en chocs.
On tient l'homme par ses passions égoïstes, par la
peur, la cupidité, la sensualité, l'amour-propre,
l'émulation : Telle est la conception finale dans laquelle Napoléon s'est ancré ; rien ne l'en décrochera.
La France est une maîtresse dont il jouit. » Chez lui
encore, en regard de ce caractère ambitieux, plein
d'énergie féroce, de volonté absolue, il faut tenir

(1) J. Fabre, op. cit.

compte de cette confiance en son étoile, qu'il se plai-
sait à avouer : « Je ne suis pas un homme semblable
aux autres, disait-il, et les lois de la morale et des
convenances ne sont point faites pour moi. » On l'aurait fort étonné si on lui avait fait observer qu'un bou-
let de canon pouvait lui être destiné. Point n'était
besoin à cet homme colossal d'avoir un port majestueux pour entrainer ses régiments, pour les électri-
ser, la volonté, l'acte et la parole, chez ce capitaine
qui s'écriait à ses grenadiers : « Souvenez-vous
que je marche accompagné du dieu de la Fortune
et du dieu de la Guerre ! » étaient ses grands res-
sorts. Arcole n'est pas plus surprenant que la marche
triomphale sur Paris au retour d'Elbe, que....., mais,
n'insistons pas davantage.

Les deux faits suivants nous montrent combien un
mot lancé à propos, la crânerie dans l'attitude, l'assurance dans la voix, peuvent interdire la foule et retour-
ner, dans un sens tout opposé la disposition d'esprit
où elle se trouve. Tous deux ont rapport à l'époque
de la Révolution. — Un jour le peuple ameuté contre
certain marquis, s'écriait d'une façon par trop signi-
ficative : « A la lanterne, à la lanterne» — « Eh bien,
vous y verrez donc mieux, quand j'y serai, à la lanterne »
— Les braillards trouvèrent le mot charmant, ils furent
satisfaits et laissèrent là le marquis. — Une autre fois,
en 1792 (ce fut une des dernières fois que l'infortunée
Marie-Antoinette alla au spectacle), Mme Dugazon,
dont le mari était un sans-culotte effréné, remplissait
le rôle de Lisette dans les Evénements imprévus.
Dans un air du second acte se trouvent ces deux
vers :

J'aime mon maitre tendrement :
Ah! combien j'aime ma maitresse !

L'actrice, tournant visiblement les yeux vers la reine, chanta ces paroles avec une expression qui ne laissa aucun doute sur le sens qu'elle leur donnait. Des cris : *la prison !* se firent entendre ; sans s'effrayer, Mme Dugazon chanta une seconde fois les deux vers en les adressant à la reine d'une façon encore plus marquée. Cette fois de vifs applaudissements éclatèrent. Ils s'adressaient à l'actrice dont la crânerie en avait imposé à la foule.

Dans tous ces faits, nous retrouvons la foule unie de sentiment, de pensée, de volonté. Mais, pour expliquer l'intensité de ce sentiment, de cette pensée, de cette volonté, nous chercherions vainement la réciprocité dans l'imitation que nous avions signalée ailleurs. Sans doute, il y a dans tous ces cas de l'imitation, mais elle procède d'une façon unilatérale. Chacun, ailleurs, était modèle et copie, il n'y a plus ici qu'un modèle. Chaque élément ne se retrouve pas là avec un coefficient personnel ; la grandeur du prestige exercé a sa raison ailleurs que dans une progression en quelque sorte géométrique.

Nous sommes en plein domaine de la suggestion, de l'hypnotisme et du somnambulisme provoqués. Nous allons rapidement montrer que ce sont les mêmes facteurs, les mêmes procédés, les mêmes résultats·

Le magnétiseur, on le sait, ne peut pas agir, indifféremment, la première fois, sur tous les sujets mis en sa présence. Des conditions inhérentes, les unes à sa propre nature, les autres à la nature du sujet, sont indispensables.

D'une part, il est nécessaire que le magnétiseur possède une volonté supérieure, que quelque chose en lui, sa voix, son regard, son geste révèle une autorité vraie ou factice. D'autre part, il n'est pas moins utile que le sujet soit placé dans un état de receptivité convenable, qu'il accepte de bonne volonté de se soumettre à l'expérience.

En second lieu, l'hypnotiseur doit attirer et fixer sur lui toute l'attention de son sujet, isoler entièrement ce dernier du monde extérieur, soit par une réalité, soit par un artifice quelconque.

Dans les quelques faits que nous avons mentionnés, nous avons bien vu que les choses se passent de la même façon; nous avons toujours été en présence d'hommes à la volonté absolue, d'une énergie peu commune et d'une persévérance extraordinaire. Lorsque le prestige réside dans une idée, dans une pensée, il est à remarquer que par quelque côté, elle tient toujours au sublime, au surnaturel, au mystérieux, ou réside dans un sentiment qui impressionne le cœur ou l'esprit humain.

Dans les faits cités qu'avons-nous rencontré de ce côté : des Sociétés à l'état naissant, ou d'un équilibre chancelant, par conséquent des esprits faciles à manier, à étonner et dont la crédulité est poussée à ses extrêmes limites; ailleurs c'est un monde dont les traditions chrétiennes et chevaleresques n'attendaient que l'occasion pour reprendre leur essor; autour de la Pucelle, c'est une armée qui s'attache avec obstina-

tion à la planche de salut, qui voit enfin briller un
rayon d'espoir après la terreur de l'invasion; ailleurs
encore c'est une nation tout entière dont les aspirations, après tant de rudes épreuves, tant de privations et d'effrois, ne tendent qu'à secouer le manteau
de misère que leur avait jeté sur l'épaule les longs
siècles de servitude. Et lorsque l'homme de génie,
l'apôtre, le savant, rencontre dans une société cette
force d'inertie qui, par scepticisme, entêtement ou
mauvais vouloir, fait obstacle à l'adoption, à la propagation de sa découverte, de sa doctrine, de son
invention, c'est que l'âge de cette société n'est pas
mûr encore pour l'éclosion de cette nouveauté. « Peut-
être même, dit Lambroso, que nos amis et nous qui
rions du spiritisme, nous sommes, grâce au misoneis-
me qui couve en tous, dans l'erreur, et, comme les
hypnotisés, nous sommes dans l'impossibilité de
nous en apercevoir. » (L'Homme de génie.)

Voyons maintenant quels sont les procédés employés par le magnétiseur et quelles sont les circonstances qui donnent à un homme, à une idée, du
prestige et de l'influence. « En somme, les divers
modes de la perceptivité sont autant de routes qui con-
duisent à l'état hypnotique, dit M. L. Regnier, et les
différents procédés employés aujourd'hui ne font que
mettre en jeu une ou plusieurs à la fois de ces différentes ressources. Hansen et Donato choisissent leurs
sujets et les préparent en leur faisant regarder un
objet quelconque à travers un prisme de verre. Quelques-uns endorment leur sujet en le tenant sous un
regard impératif (fascination). Il en est de même de

ceux qui pratiquent des *passes* beaucoup moins minutieuses que celles de l'époque de Puységur et non moins actives. Une formule monotone redite avec une énergie croissante, ou l'ordre bref de dormir réussissent aussi bien aujourd'hui qu'au temps de l'abbé Faria.

« Les miroirs rotatifs ou la sirène, employés par M. Luys, n'agissent pas autrement que le point brillant de Braid, ou le gong de l'école de la Salpêtrière.

« C'est sur l'imagination du sujet que ces procédés agissent surtout. » (1)

L'homme qui veut prendre de l'ascendant sur ses contemporains, faire prévaloir ses idées, diriger une époque, nous l'avons vu, doit agir sur les sens de la foule et, par leur intermédiaire, sur son imagination. C'est ainsi qu'il doit étonner par la voix, par le regard, par les gestes ; les actes de courage incroyable des uns, les prétendus miracles des autres, l'audace de tous, sont autant de moyens qui font croire au prodige.

« Même à l'époque de la Renaissance, les vrais savants eux-mêmes gardaient un petit côté magicien. Ils aimaient à s'entourer d'une sorte de mystère, ils s'étaient fait un langage technique spécial et ces apparences bizarres entretenaient dans l'esprit du vulgaire une croyance que les savants ne cherchaient pas encore à dissiper et que plusieurs, peut-être, partageaient. » (2) D'autres moyens encore ont été employés, qui agissaient sur quelque chose de plus que

(1), (2), L. Regnier, *L'Hypnotisme.*

sur l'imagination, on sait que les sorciers, pour se transporter au sabbat, se frottaient d'une pommade. « Un sommeil subit, profond, durable, comateux, des visions tristes et lugubres, mêlées de mouvements voluptueux, voilà en général ce que produisait l'action magique, dont l'effet combinait ainsi les deux mobiles les plus puissants sur l'âme, le plaisir et la terreur. » *Eusèbe Salverte. Sc. occultes.*

On se servait aussi de breuvages qui « étaient composés de diverses drogues au premier rang desquelles figuraient la mandragore, la jusquiame, le tabac, le stramonium, toutes plantes agissant, comme on le sait aujourd'hui, énergiquement sur le système nerveux et capables de provoquer, à certaines doses, des hallucinations ou un sommeil plein de rêves dont le souvenir persistant passait aux yeux des sorciers eux-mêmes ou dans l'esprit de ceux de leurs clients auxquels ils confiaient onguents et philtres, pour le souvenir de choses réellement faites ou vues. »

Remarquons, pour terminer ces considérations, que, de part et d'autre, quand l'influence d'un individu ou du magnétiseur a porté d'une façon efficace, la reproduction en quelque sorte du phénomène de la domination de la fascination devient de plus en plus facile. « L'habitude augmente l'aptitude au sommeil, dit M. Regnier, à tel point que l'audition d'un simple bruit, d'un ordre énergique, d'un son monotone et prolongé, ou éclatant et brusque, plongent immédiatement le malade dans l'état hypnotique. Mais n'en est-il pas de même pour mainte autre opération cérébrale qui, se faisant d'abord avec le concours et sous l'influence de la volonté, finit avec l'habitude par devenir presque inconsciente et quasi reflexe ? » — Et plus loin, parlant de l'extase : « D'ailleurs, plus les accès se répètent et se multiplient, plus ils ont de tendance à se produire automatiquement, à se prolonger. Ce qui explique pourquoi les initiés d'ordre supérieur, comme les Djoguis, vivent dans un état à peu près perpétuel d'extase. » Et c'est ainsi qu'une foule, qu'une armée, qui a subi la domination d'un homme, d'un chef, finit pas s'attacher à ses pas, le suit avec une confiance aveugle. « Quelque chose de pareil, dit M. Tarde, s'est vu au début de notre siècle quand, très engourdie à la fois et très surexcitée, aussi passive que fiévreuse, la France militaire obéissait au geste de son fascinateur impérial et accomplissait des prodiges... ; grâce à la stupeur profonde et ardente causée par les premiers miracles des grands personnages demi-fabuleux, chacune de leurs affirmations, chacun de leurs ordres, a été un débouché immense ouvert à l'immensité des aspirations impuissantes et indéterminées qu'ils avaient fait naître, besoins de foi sans idée, besoins d'activité sans moyen d'action. »

Il nous semble avoir montré d'une façon suffisante quels sont les liens d'union étroits qui existent entre le prestige et l'hypnotisme. Un peuple, une société en présence du point brillant : gloire ou génie d'un homme, tombe souvent dans un état de somnambulisme provoqué comme le somnambule : «il ne voit et n'entend que ce qui rentre dans la préoccupation de son rêve. Autrement dit, toute sa force de croyance et de désir se concentre sur son pôle unique. N'est-ce pas là justement l'effet de l'obéissance et de l'imitation *par fascination*, véritable névrose, sorte de *polarisation* inconsciente de l'amour et de la foi ? » (Tardes.)

IMITATION MALADIVE

DES FOLIES EPIDÉMIQUES

Esquirol définissait la folie : une affection cérébrale ordinairement chronique, sans fièvre, et caractérisée par des désordres de la sensibilité, de l'intelligence et de la volonté.

Cette perversion des facultés, nous allons le voir, prend naissance dans la foule, et, comme tout ce qui se développe chez elle, gagne rapidement en intensité. C'est que nous y retrouverons le double fait du prestige et de la contagion : prestige, d'une part, qui tient à l'illusion des sens, aux fausses créations de l'imagination en déroute ; contagion, d'autre part, qui en découle et qui par l'imitation réciproque multiplie encore les erreurs. En d'autres termes, il y a hallucination et propagation, unilatérale d'abord, reversible ensuite, de cette hallucination.

Le point de départ de l'hallucination se trouve, dans les croyances, les conceptions, les théories qui varient avec le temps.

Autre temps, autres mœurs, » dit le proverbe, mais

les mœurs ne sont autre chose que l'ensemble des imitations : imitation-mode, imitation-coutume, imitation-religion, imitation-langage, etc...

Il faut donc prévoir que la nature des phénomènes qui ont donné naissance aux hallucinations a varié avec les siècles. Mais toujours et partout « le dérangement des facultés psychiques a commencé par une idée absurde, par une illusion des sens, par une hallucination de l'odorat, de la vue, du goût, de l'ouïe ou du toucher, par une surexcitation vicieuse des penchants, par l'aliénation de quelques sentiments. » (1)

« On sait à présent que, dans tous les temps, les délires prennent le caractère général des idées de l'époque. » (Regnier).

Jadis c'étaient Apollon, Mercure, Vénus, Jupiter.... toute la série mythologique qui présidait aux événements; rien de ce qui se passait sur la terre ou dans les éléments ne leur était étranger ; la vertu et le vice, le bien et le mal, tout avait son protecteur, son patron; les spirales parfumées de l'encens oriental s'élevaient aussi bien vers le dieu de la charité que vers celui du vol ; entre les mains des poètes, la lyre monocorde de Lesbos ne vibrait pas avec moins d'autorité et de prestige que celle de Cythère.

Une contagion malsaine , que la croyance exagérée en la manifestation de l'intervention divine pour tous les événements n'eut pas peine à se propager dans cette société, aussi bien que les élans de générosité, de vertu, de courage. Mais

(1) Calmeil. *De la Folie*, 65.

les sens toujours, la conscience moins souvent réclament satisfaction à leurs aspirations. D'autre part, les sybiles, les prophétesses, les pythonisses, les devins, les augures, peut-être sincères à l'origine, à coup sûr tous imposteurs dans la suite, quand ils se disaient les intermédiaires entre l'Olympe et les mortels eurent grand bénéfice à laisser leurs contemporains s'enraciner dans de pareilles convictions. Les récits des fêtes religieuses nous offrent un tableau saisissant des cérémonies, où toute une foule, sous l'influence déjà de ces croyances mystérieuses, éblouie par une mise en scène savamment préparée, étonnée par des phénomènes qui auraient trouvé, cependant, une explication bien simple dans les lois physiques, arrivaient à se livrer à des scènes inénarrables où l'orgie la plus dégouttante trouvait place à côté des manifestations délirantes de toutes sortes qui toutes portaient, plus au moins net, le cachet de la folie, de l'hystérie, de la névrose : « les personnes du sexe croyaient s'unir alors à des satyres, au dieu Pan, à des dieux métamorphosés en serpents, en cygnes, en taureaux ; les mélancoliques se voyaient poursuivis par des mégères armées de fouets, par des chiens à trois têtes, par les chiens d'Hécate qu'ils disaient grands comme des éléphants. »

Plus près de nous, au moyen-âge, on sait quelle place prépondérante occupait le clergé, quelle importance avait le prêtre, ce qu'était l'Eglise pour le peuple. « Elle seule, depuis deux mille ans, a eu charge de l'instruire » dit Michelet. Il est donc naturel que jusqu'au jour où la Révolution dépouilla la religion de

son immense autorité, les esprits affaiblis, et princi-
palement les femmes, les jeunes filles aient subi, dans
les sentiments qu'elle dictait, une exaltation qui devait finir par la perversion. « La superstition dit
M. L. R. Regnier avait fait du diable et de ses serviteurs un épouvantail dont l'Eglise abusait. Le délire
eut donc le diable pour objet, et les gens furent per-
sécutés par le démon aussi rééllement qu'ils le sont
aujourd'hui par l'électricité ou les mauvaises odeurs
qu'un ennemi invisible leur envoie. C'est le reflet et
l'exagération des préoccupations régnantes. » Les
anges contre les démons, les saints contre les diables
se rencontrent pour lutter dans le corps de ces malheureux ; partout : cloitres, monastères, couvents
retentissent des cris de ces possédés, frémissent aux
convulsions de ces hystériques démoniaques.

Les faits de ce genre sont innombrables : Théoma-
nie, Démonopathie, Démonolatrie, Lycantropie, Choréomanie, Tarentisme...... Calmeil nous a fourni de
tout cela une étude remarquable et pleine d'intérêt.

« Au XVIᵉ siècle, la frayeur qu'inspire les esprits
déchus et les adorateurs supposés de Satan constitue
une véritable calamité sociale. Partout dans les Etats
chrétiens, l'on s'entretient des loups-garous qu'on dit
porter la désolation dans les campagnes, des esprits
qui attentent à la pudeur des filles, des sorciers qui
emportent les enfants au sabbat ; les démonolâtres
sont accusés de paralyser les organes génitaux, de
provoquer des maladies épidémiques. » — Vers le
milieu de ce siècle, on vit éclater, dans une foule d'en-
droits, mais surtout parmi les filles des cloitres et dans

les établissements consacrés à l'éducation des enfants,
une affection convulsive épidémique compliquée de
désordres dans les actes, et de la plupart des accidents qui se remarquent dans la démonopathie. Le
tableau de cette terrible affection permet d'affirmer
que presque toutes les fonctions encéphaliques étaient
plus ou moins et simultanément lésées sur les personnes qui se croyaient alors possédées... Aussitôt
qu'une nonne du monastère de Kintorp tombait dans
ses attaques, les autres religieuses se sentaient atteintes du même mal. Le bruit que faisait une malade
en se débattant dans son lit suffisait pour provoquer
le retour des convulsions sur toutes les moinesses qui
couchaient dans le dortoir.

« Une jeune nonne nommée Gertrude, cloîtrée depuis sa quatorzième année, passait pour avoir inoculé
l'hystérie et la nymphomanie à ses compagnes. Gertrude croyait partager sa couche avec un incube ;
bien qu'elle eût soin de placer, à ses côtés, une étole
consacrée pour éloigner cet esprit charnel de sa personne, il lui arrivait de s'abandonner pendant la nuit
à des mouvements animés qui effrayaient les moinesses. Bientôt les convulsions et les accès déraisonna-
bles purent être notés sur la plupart des nonnes du
couvent. Wier, qui se rendit sur les lieux, jugea
les religieuses atteintes de folie, et réellement tour-
mentées par des esprits malfaisants ; il convint
que la débauche la plus coupable avait régné
dans le monastère ; cette cause, probablement, avait
suffi pour porter le trouble dans l'appareil nerveux
des recluses.

« En l'an 1555, à Rome, à l'hôpital des Orphelins, en une nuit, environ 70 jeunes filles devinrent démoniaques. »

Le commencement de l'épidémie de la possession des religieuses de Loudun est dans l'hallucination qu'une des sœurs a pendant la nuit: un fantôme lui apparaît d'abord sous l'ombre de son confesseur défunt; tout d'un coup, il change de figure et ressemble alors à Urbain Grandier; les propos changent d'allure, de pieux ils deviennent lascifs; Urbain « la caresse, elle le repousse et ne se défait de lui qu'en invoquant le saint nom de Jésus. » — « On conçoit, ajoute Brierre de Boismont, que, sur l'imagination impressionnable des femmes, l'imitation dut exercer son influence et que les visions ne tardèrent pas à gagner les autres religieuses. »

« En l'an 1459(1), en la ville d'Arras, au pays d'Artois, advint un terrible et pitoyable cas que l'on nommait *vaudoisie*, ne scay pourquoy, mais l'on disait que ce estoient aucunes gens, hommes et femmes qui, de nuict se transportoient, par vertu du diable, des places où ils estoient et soudainement se trouvoient en aucun lieux arrière de gens, ès bois ou ès déserts, là où ils se trouvoient en très grand nombre d'hommes et femmes et trouvoient illec un diable en forme d'homme, duquel ils ne veoient jamais le visage ; et ce diable leur lisoit ou disoit ses commandements et ordonnances, et comment et par quelle

(1) *Chronique de Monstrelet*, t. III, fol. 24, édit. de Paris, 1572, in-folio, cité par Brierre de Boismont.

manière ils le devoient adorer et servir ; et puis il bailloit à chacun un peu d'argent. Et finalement leur administroit vins et viandes en grande largesse, dont ils se repaissoient ; et puis, tout à coup, chacun prenoit sa chacune et en ce point estaindoient la lumière et cognoissoient l'un l'autre charnellement, et ce fait, tout soudainement se retrouvoit chacun en la place dont ils estoient partis premièrement. »

Mentionnons également l'histoire de Marie de Stains, que Brierre de Boismont cite comme un exemple de la triple influence de la croyance, de l'époque et du sexe.

Marie de Stains (1), faite religieuse contre son gré, et qui avait des extases, se crut possédée et sorcière. Elle composa donc des maléfices pour empêcher les religieuses de son couvent de prier Dieu, et enterra des idoles fabriquées à la synagogue pour exciter les religieuses à la luxure. Voici ce qu'on lit dans le procès-verbal de la possession du 17 au 19 mai 1614 :

« Elle déclara les barbares façons comment elle avait tué de ses mains plusieurs enfants, disant : J'ai arraché les cheveux aux uns, percé le cœur et les tempes d'une aiguille aux autres; autres ai-je jeté en des fours échauffés; autres ai-je jeté aux loups, lions, serpents et autres animaux pour les dévorer. J'en ai pendu par les bras, par les pieds, autres par les parties honteuses, etc. »

Cette hystérique « confessa est cum diabolis via solita impudicitiæ peccatum et cum hominibus et

(1) Brierre de Boismont, les *Hallucinations*, obs. 117.

belluis crimen commisisse », ajoutait qu'elle avait adoré pour son Dieu rédempteur et glorificateur le prince de la magie, Louis Gonfredi, « cum eo, Turcis paganisque coivisse ». Elle déclara qu'elle avait pris la mitre dans la chambre de l'évêque de Tournay pour en coiffer Belzébuth ; que tous les magiciens s'étaient confessés au prince du sabbat, et qu'ils ne disaient que des gausseries.

En parlant du sabbat, tenu le 6 juin, elle dit : « Nous avons tous communié ce jour à la manière des Huguenots, et le prince du sabbat faisait la personne du ministre. On fit la procession, et sodomiæ scelus perpetratum fuit ; ter eum principe hoc horrendum peccatum commisi ». Etiam confessa est majori gaudio affectum fuisse quando cum diabolo modo diabolico cohabitasset, quiam quando humano vel alio modo stuprum fecisset ». Ensuite, elle distribua, pour chaque jour de la semaine, les occupations du sabbat.

Le lundi et le mardi, « via sòlita coitus »; le jeudi, « sodomiœ conventus. In illo die, omnes homines vel mulieres impuditiœ peccatum extra vas natural admitteint, et inrter se variis horridisque modio promiscent, mulier cum muliere, vir cum viro ».

Le samedi, « belluarum conventus. In illo die, cùm variis belluis, sicut canibus, felibus, porcis hiriis, pennastisque serpentibus, cohabitant ».

Pour les mercredis et les vendredis, on joue au sabbat les mystères de la passion et on y chante les litanies de cette manière : Lucifer, miserere nobis ; Belzébuth, miserere nobis, etc., etc.

Marie de Stains entendit le prédicateur Asmodée le 30 mai 1613. Elle rendit son discours aux exorcistes :

« Mes amis « hodie conventum sodomiœ celebramus ; Lucifero opus est gratissimum. Vos hortor ut officio fungamini, étiamque singulos incitetis »; prenez exemple de moi, qui suis le prince de la concupiscence, et si vous accomplissez souvent cette œuvre, vous aurez la récompense en ce monde, et, en l'autre, la vie éternelle ».

Terminons ces citations par le récit de la contagion qui répandit, au xviie siècle, la danse de Saint-Guy sur toute l'Allemagne, et celle qui, sous le nom de Tarentisme, régna dans le pays de Pouille. « Beaucoup d'habitants se mettaient nus, ou presque nus, hommes et femmes. au sortir de leurs maisons, se couronnaient de fleurs, parcouraient les rues par bandes et, par intervalles, se mettaient à danser jusqu'à extinction des forces physiques sur les places publiques, dans les carrefours, jusque dans les églises...

« Ceux qui ont été mordus de la tarentule éprouvent le besoin de rire ou de pleurer ; les uns chantent ou crient, sautent, dansent, sont en proie à la frayeur ou exaltés comme les frénétiques et les furieux. Si la manie de danser s'emparait aussi des personnes réellement tarentulées, cela devait tenir à l'imitation et à la ferme persuasion où étaient les habitants de la Pouille que l'inoculation du venin de la tarentule cause des maux qui ne cèdent qu'à la continuité des mouvements rythmiques. Beaucoup de villageois qui étaient mordus à leur insu par des tarentules, ne songeaient nullement au besoin de la danse. C'était donc surtout l'exaltation de l'imagination qui donnait lieu à la choréomanie, sous le climat embrasé de la Pouille. »

Le sentiment religieux, le plus général de tous, celui qui a pu le plus facilement dominer un grand nombre d'esprits réunis étroitement, a produit le plus grand nombre des épidémies morales. Il est loin cependant d'avoir eu le triste monopole de la perversion.

L'histoire du suicide nous offre de fréquents et curieux exemples d'imitation morbide. L'épidémie de suicide des filles de Millet, celle de même nature qui amenait les filles de Lyon à se noyer parce qu'elles s'imaginaient toutes être délaissées de leurs amants ; enfin, les faits, trop fréquents, de suicides en série, surtout dans des agglomérations serrées, sont bien connus et il n'est pas nécessaire d'insister.

D'autres causes peuvent intervenir qui alors expliquent presque par elles-mêmes les résultats ; les récits de tous les sièges, de tous les blocus, montrent assez combien sont désastreux dans leurs conséquences sur l'état mental, les privations, les régimes débilitants ; ils montrent également que ce sont les tempéraments faibles, les êtres impressionnables, qui sont atteints le plus profondément et le plus rapidement, c'est-à-dire les femmes, les jeunes filles.

Enfin, il nous faut faire mention dans ce chapitre des scènes d'affolement et de désordre dont, trop souvent depuis quelques années, nous sommes habi-

tués à entendre le récit à la suite des catastrophes
épouvantables qui, peu à peu, auront ensanglanté
toutes les voies ferrées.

A coup sûr la cause parait suffisante pour expliquer
l'effet et cependant notre conviction est grande à ce
sujet que la contagion, ici aiguë, spontanée, exerce
encore son influence ; c'est-à-dire que chacun des
individus présent au moment de l'accident est pris
d'une terreur bien naturelle, mais que, de plus, les
mêmes sentiments empreints sur tous les visages
vivants encore et non blessés, réagissent sur lui.

Donc, dans tous ces faits, où il nous a été permis
de trouver de la folie, de la névrose au moins, c'est-
à-dire de la déséquilibration entre les facultés cérébrales, nous avons pu encore déterminer la part qui
revient à la contagion, à l'imitation pour expliquer
l'intensité de l'effet. Est-ce donc dire que la folie est
contagieuse ? Non, si l'on emploie le mot contagion
au sens de : maladie qui se transmet par l'intermédiaire d'un microbe ; mais elle se communique, elle se
transmet et sa propagation tient à deux conditions :
l'intensité de l'agent malade, le degré de résistance
du sujet mis en contact. Or, qu'avons-nous vu :
d'un côté un agent qui, en quelque sorte, pui-
sait des forces nouvelles de tous côtés, était ali-
menté sans cesse et dont la vertu était rénouvelée et
renforcée au fur et à mesure que le déclin se mon-
trait ; d'autre part, des sujets, en quelque sorte prédisposés, un terrain toujours préparé, un degré de
receptivité colossal pour cet agent contagieux, étant
donné la nature des contaminés ; ce sont des femmes,

en effet, pour la plupart des jeunes filles et placées dans des conditions où l'imagination, fertile en rêves de toutes sortes, trouve partout obstacle à sa réalisation, à un âge où les sens entrent en effervescence, d'autant plus qu'un joug les endigue plus fort; aussi, quel en est le résultat? folie, et le plus souvent folie des sens, déviation du sens génésique, sous toutes ses formes. Et, cependant, pauvres fous, quel remède vous fournissait-on? la flamme, la torture, la prison ou le bûcher, il n'y a pas d'autre alternative. La maladie, partout; partout on voit des coupables, des imposteurs, des criminels. Chaque foyer de contagion n'est pas occasion de dresser un hôpital, mais d'instituer un tribunal!

Dans un article du *Journal des Débats* (21 fév. 1889), M. Henri de Parville, sur la question de la contagion de la folie, conclut de la façon suivante : « Le préjugé a, pour une part, sa raison d'être. La folie épidémique, la folie à deux, à trois est une réalité absolue, incontestée. Il convient d'éloigner les êtres faibles, trop impressionnables des malades atteints du délire de la mélancolie, de la persécution, du délire de l'ambition, du délire des possédés, de tout délire chronique. Mais, le préjugé est faux, en ce sens que le contact avec les fous ne rendra jamais fou un homme à l'intelligence pondérée.

« Notre époque n'est pas précisément équilibrée, mais ce n'est pas, à la réflexion, une raison suffisante pour voir des fous partout. C'est certainement l'opinion de M. Charcot. »

Cette opinion nous paraît exagérée en ce sens que la

folie se communique, se propage. Si tout le monde
n'est pas fou, c'est que, d'abord, tout le monde n'est pas
en contact avec des fous ; c'est, en outre, parce que
ceux qui, étant près d'eux et ne le deviennent pas,
sont réfractaires.

DE LA FOULE CRIMINELLE

> Jamais on ne fait le mal si pleinement
> et si complètement que quand on le fait
> par un faux principe de conscience.
> PASCAL.

S'il est une époque fertile en événements capables d'offrir un ensemble de tous les attentats, de tous
les crimes dont est capable la foule, c'est à coup sûr
la Révolution française. Il suffit de lire les pages im-
mortelles que Michelet a consacrées à son histoire,
pour embrasser dans un coup d'œil tous les degrés
de folie sociale que l'on peut rêver, de voir dérouler
comme dans un panorama tout ce que la bestialité
offre de plus hideux, la sauvagerie de plus sanglant, la
cruauté de plus effroyable.

Nous avons, croyons-nous, établi d'une façon aussi
exacte que possible, comment il se fait que, dans une
foule, certains actes, certains gestes, les émotions,
les sentiments ont chance de se propager, de se communiquer. La même explication pourra-t-elle nous
servir ici ? Peut-on avancer avec vérité que le fait de
voir assassiner suffit pour rendre assassin, que l'on
devient criminel en voyant tuer ? La force du mal,
dans ce qu'il a de suggestif, de contagieux, est certes
bien grande, mais, Dieu merci, elle n'atteint pas à un

pareil degré. Il faut chercher autre chose; il faut donc, à l'imitation, ajouter d'autres facteurs, d'autres éléments.

L'homme, de par sa nature, possède un instinct sanguinaire incontestable; il n'y a, pour s'en convaincre, qu'à jeter un coup d'œil sur les actes qu'il commet lorsqu'il est à l'état primitif, lorsque la civilisation n'a pas adouci ses mœurs. Il pourrait donc, à première vue, paraître suffisant d'invoquer, pour les faits en question, la réapparition subite de ces instincts, et cela encore sous l'influence de la contagion. Mais l'explication n'est pas complète.

Comme pour l'individu, il faut distinguer la foule criminelle, en quelque sorte d'instinct, et la foule criminelle par occasion. Il est évident que si, dans une collectivité, on n'a à faire qu'à des individus présentant chacun tous les caractères du criminel de profession, la totalité, l'ensemble, constituera une troupe malfaisante au dernier degré. Mais ce n'est pas ce que l'on voit en général, et la foule est composée d'éléments absolument hétérogènes au point de vue moral comme ailleurs.

Il est cependant possible de faire de ses éléments trois catégories distinctes : l'une constituée par les fanatiques ou par ceux qui ne cherchent, dans toutes les occasions, qu'à satisfaire leurs instincts, leurs passions, et pour lesquels les grands bouleversements sont autant d'occasions favorables; ils constituent les *meneurs*; d'autre part, les êtres faibles, sur lesquels l'influence des premiers agit facilement; en troisième lieu, les craintifs et les indifférents. « Les

premiers sont tous ces individus constituant les bas-
fonds sociaux ; le *troisième dessous*, aurait dit
V. Hugo, sortant des tavernes et des lupanards, leurs
demeures habituelles, comme du fond d'un étang
remonte la fange quand l'eau s'agite. Et ce sont ces
criminels de profession, dit justement Joly, les auteurs des massacres qui font un cortège à la guillo-
tine, et se disputent les honneurs de la fusillade » (1).
Parmi les individus qui constituent la seconde catégorie, il faut évidemment citer la femme, être
éminemment influençable, ainsi que nous l'avons vu,
difficile à concevoir le crime, à qui le sang répugne.

Sœur de charité par sa nature, mais qui, lancée
dans le courant, ne sait plus s'arrêter, et qui devient la hyène repoussante de ces lugubres curées;
c'est elle, en effet, qui donne le plus souvent à une
foule ces impulsions malsaines dont nous aurons à
reparler. « Leurs femmes, dit le même auteur, ne tardèrent pas à intervenir, parce que ces gens qui, sous
un nom quelconque, vivent de la prostitution, dispo-
sent d'une foule d'individus toujours disposés à unir
à la débauche le vol et même l'assassinat. Les femmes, non seulement, accompagnaient les hommes,
mais encore elles les excitaient au. mal, et les sur-
passaient en audace et en cruauté ». « Dans plus d'un
cas, dit Maxime du Camp, la victime aurait pu être
sauvée, si la femme n'était intervenue, n'avait dit aux
hommes hésitants: *Vous êtes des lâches !* » A côté, se
tronvent aussi des hommes d'un tempérament exci-

(1) Scipio Sighele. *La Folla Delinquante.*

table, et les enfants, le gamin, cet être particulier
que V. Hugo a dépeint d'une façon admirable. Enfin,
toute la foule de ceux qui suivaient le courant. Les
uns, sans savoir pourquoi : « hommes simples, gros-
siers, naïvement colériques », les autres, par crainte
de devenir victimes, de peur d'être considérés comme
ennemis, comme suspects » (1), car, ne l'oublions pas,
nous traversons là des périodes où « un soupçon suffit, dit S. Sighele, où toute autre protestation est
vaine, la conviction est profonde ».

Qu'une émotion dictée par un sentiment de frayeur,
de haine, de colère, de vengeance, etc., naisse maintenant dans cette foule, qu'elle soit vraie et vienne
de fanatiques, ou qu'elle soit l'œuvre d'imposteurs et
de scélérats, toujours entre les mains de ces derniers,
elle devient une arme redoutable, et, par eux, toujours
habilement entretenue, elle ne tarde pas à se propager, à se communiquer; les éléments qui constituent
la seconde catégorie sont bien pour cette contagion
un terrain éminemment favorable. Qu'on s'imagine,
d'autre part, l'influence d'autres auxiliaires : le vin,
l'alcool, l'appat de l'or, des plaisirs, et l'on saisira
sans peine l'intensité que pareille émotion est capable
de revêtir chez ces individus, combien elle se réfléchit
sur la physionomie de chacun.

Il est à remarquer qu'un individu ne peut pas exprimer une émotion à l'extérieur sans finir par l'é-
prouver, la ressentir. « Comme la représentation d'un
état émotionnel quelconque, dit S. Sighele, excite les

(1) Michelet.

fibres nerveuses qui produisent en nous, d'ordinaire, un état identique; de même ces fibres nerveuses, une fois excitées, font de telle sorte que l'individu ressent véritablement l'émotion qu'il exprime, peinte sur sa physionomie. » Espinas, cité par le même auteur, fait remarquer que « l'homme qui se bat à l'épée dans un assaut d'escrime, s'anime et arrive à croire qu'il est dans un véritable duel, que le sujet magnétisé passe par tous les états correspondants aux positions qu'on lui fait prendre ; que les animaux prennent rapidement les émotions dont ils manifestent les signes extérieurs. » Ce fait est pour Sighele le premier motif dans le crime collectif; il y a là comme « une réaction contre la cause ou la prétendue cause de la provocation, de l'offense, de l'émotion que, par une contagion fatale ils auront ressentie. »

Enfin, prenons garde qu'ici encore il faut faire intervenir la réciprocité, et ce facteur dépend de tous les éléments de la foule, à quelque catégorie qu'ils appartiennent.

Il est peut-être bon d'ajouter que dans ces agglomérations il se glisse souvent, sinon toujours, quelques êtres absolument désiquilibrés, quelques fous dont l'influence ne sera pas négligeable sur ces esprits placés dans un état de receptivité incontestable.

De telle sorte que, dans cette foule, il se passe, il se produit un travail mental plus ou moins spontané, qui commence par l'émotion, se continue par la perversion des facultés, le réveil de tous les mauvais instincts de la nature humaine et, par conséquent, aboutit fatalement à l'effort pour leur satisfaction, à l'acte, au crime, effort dont l'intensité croit avec le nombre , et d'une façon géométrique. Pour confirmer cette influence du nombre, citons, avec Sighele, l'expérience suivante de Forel : « Il prit dans deux armées de fourmis, acharnées à une lutte, 7 individus, 4 dans un camp, 3 dans l'autre, les met dans un vase ; les 7 fourmis, tout d'abord hostiles et irritées les unes contre les autres, se traitèrent en amies. »

Voyons, maintenant, quels sont les actes criminels les plus fréquents dans une foule. Le plus grand nombre répond à l'instinct sanguinaire ; les massacres de septembre 1792, nous en donnent la preuve la plus lugubre : massacre de l'Abbaye, massacre des Carmes, massacre du Châtelet, massacre de la Conciergerie, massacre des femmes de la Salpétrière, etc., etc.

« Ce qui commençait à donner un caractère terrible au massacre, c'est que, par cela même, que la scène était resserrée, les spectateurs mêlés à l'action, touchant presque le sang et les morts, étaient comme enveloppés du tourbillon magnétique qui emportait les massacreurs. Ils buvaient avec les bourreaux, et le devenaient. L'effet horriblement fantastique de cette scène de nuit, ces cris, ces lumières sinistres les avaient fascinés, d'abord, fixés à la même place. Puis, le vertige venait, la tête achevait de se prendre, les jambes et les bras suivaient ; ils se mettaient en mouvement, entraient dans cet affreux sabbat et faisaient comme les autres. Dès qu'une fois ils avaient tué, ils ne se connaissaient plus, et voulaient toujours tuer. » Ailleurs, Michelet reprend : « La tuerie de l'Abbaye devint affaire de plaisir, de récréation, un spectacle. On entassa des hardes au milieu de la cour, en une sorte de matelas. La victime, lancée de la porte dans cette sorte d'arène, et passant de sabre en sabre, par les lances ou par les piques, venait, après quelques tours, tomber à ce matelas, trempé et retrempé de sang. Les assistants s'intéressaient à la manière dont chacun courait, criait et tombait, au courage, à la lâcheté qu'avait montré tel ou tel, et jugeaient en connaisseurs. Les femmes surtout y prenaient grand plaisir; leurs premières répugnances, une fois surmontées, elles devenaient des spectatrices terribles, insatiables, comme furieuses de plaisir et de curiosité. Les massacreurs, charmés de l'intérêt qu'on prenait à leurs travaux, avaient établi des bancs autour de la cour, bien éclairée de lampions; des bancs, mais non indistincts pour les spectateurs des deux sexes; il y avait bancs pour les messieurs et bancs pour les dames, dans l'intérêt de l'ordre et de la moralité. »

Des commentaires à de pareils faits sont superflus.

Dans d'autres temps, le même penchant au meurtre, la même complaisance dans la torture et la douleur se retrouve encore. Voici le récit de l'assassinat de Gaudri, évêque de Laon, que Guizot nous donne (1).

Depuis quelque temps les habitants de Laon étaient mécontents de leur évêque Gaudri, mais leur colère sourde n'éclatait pas encore en tempête.

(1) Guizot. *Histoire de France racontée à mes petits-enfants*, t. II.

« Tout à coup un grand tumulte éclata dans la ville; une foule de gens se répandirent dans les rues criant: *Commune! Commune!* Des bandes de bourgeois armés d'épées, de haches, d'arcs, de cognées, de massues, de lances, se précipitèrent dans le palais épiscospal. A ce bruit, les chevaliers, qui avaient promis à l'évêque de venir à son secours s'il lui arrivait d'en avoir besoin, arrivent successivement pour le défendre ; trois d'entre eux sont, l'un après l'autre, ardemment attaqués par les bandes bourgeoises et succombent après une énergique résistance. Le palais épiscopal est incendié. »

L'évêque se réfugie dans le cellier de l'église et se cache dans une petite tonne.

Teutgaud, fameux bandit de ce temps, à qui Gaudri avait donné le surnom d'Isengrin, et sa troupe pénètrent dans le cellier de l'église; ils allaient frappant sur toutes les tonnes ; on ne sait sur quel soupçon Teutgaud s'arrêta devant celle ou s'était blotti l'évêque et la fit déboucher en criant : Y a-t-il quelqu'un? — C'est un malheureux prisonnier, répondit l'évêque en tremblant. — Ah! ah! lui dit le bandit moqueur qui le reconnut à la voix, c'est donc vous, messire Isengrin, qui êtes ici caché? » Et il le tira par les cheveux hors de son tonneau. L'évêque suppliait les conjurés d'épargner sa vie, offrant de jurer sur l'évangile qu'il abdiquerait l'épiscopat, leur promettant tout ce qu'il possédait d'argent et disant que, si on voulait, il abandonnerait le pays. On lui répondit en l'insultant et le frappant. Il fut bientôt assommé. Teutgaud, voyant briller à son doigt l'anneau épiscopal, lui coupa le doigt pour s'emparer de l'anneau et, le corps dépouillé de tout vêtement, fut poussé dans un coin où les passants lui jetaient des pierres et de la boue en accompagnant leurs insultes de railleries et de malédictions.

« Le meurtre et l'incendie sont contagieux. Pendant tout le jour de l'insurrection et toute la nuit suivante, des bandes armées errèrent dans les rues de Laon, cherchant partout les parents, les amis, les serviteurs de l'évêque, tous ceux que la colère publique savait ou présumait tels et exerçant sur leurs personnes ou leurs maisons, des vengeances atroces ou grossières. Saisis d'effroi, beaucoup d'innocents fuyaient devant l'aveugle colère du peuple ; les uns étaient atteints et frappés pêle-mêle avec les coupables, les autres s'échappaient à travers les vignes plantées entre deux collines aux environs de la ville. » (1)

G. Flaubert, dans son admirable livre de *Salambô*, nous donne de saisissants tableaux de cette ivresse du sang.

« Un fait horrible, dit Maxime du Camp, (2) et qui paraitrait impossible chez une nation civilisée si l'on ne savait que les religions, les philosophies et la morale sont impuissantes à tuer complètement la bestialité qui subsiste dans l'homme, un fait monstrueux vint prouver tout à coup aux moins clairvoyants à quel degré de sauvagerie la partie véreuse de la population

(1) Guizot. *Histoire de France racontée à mes petits enfants*, t. II.
(2) M. du Camp. *Les Convulsions de Paris.*

parisienne était parvenue... Pendant deux heures, Vincenzini, ancien inspecteur de police, fut promené autour du piédestal de la colonne (place de la Bastille) et si cruellement frappé qu'il fut bientôt méconnaissable. On essaya de le pendre, l'on n'y parvint pas. On le conduisit au bord de l'eau, on lui lia les pieds et les mains, on l'attacha à une planche, on le jeta au courant du canal. Il réussit à se dégager. Courant sur les deux berges la foule l'accablait de pierres et de briques prises dans un bateau amarré au quai ; le pilote d'un bateau-mouche lui lança une bouée qu'il ne put atteindre, il était affaibli et ne réussit pas à saisir les pieux de l'estacade ; il était près du bord, un homme lui ouvrit la tête d'un coup de gaffe, un autre lui jeta une brique en plein visage ; le malheureux n'avait plus que des gestes inconscients, il flottait plutôt qu'il ne nageait ; poussé par le courant, il s'enfonça sous les barques garées à la pointe de l'île Saint-Louis et ne reparut plus. » (26 février 1871.)

A côté de l'instinct sanguinaire, il y a place pour d'autres perversions, à côté des massacres, il y a place pour d'autres atrocités « quand l'instinct sanguinaire est arrivé à ce point de frénésie, les instincts libidineux ne tardent pas à s'éveiller aussi : cruauté et lubricité alors s'accompagnent et l'un augmente la vigueur de l'autre : la foule augmente la turpitude du meurtre par l'attentat à la pudeur, et cette obscène folie de concupiscence et de sang, trouve dans le canniballisme sont haut degré d'abjection. » S. Sighele.

« Dans la nuit du 2 au 3 septembre 1792, on fit

subir un hideux supplice à une femme. C'était
une bouquetière bien connue du Palais-Royal, déte-
nue pour avoir mutilé un garde-française, à la façon
d'Abailard. La plupart de ces femmes et filles du
Palais-Royal étaient royalistes, regrettant le bon
temps, les nobles qui les payaient mieux. On supposa
que celle-ci, royaliste, autant que jalouse, avait voulu
avilir un amant révolutionnaire, outrager en lui la révolution. On la punit par le sexe autant que possible; on
lui passa un bouchon de paille dans les parties naturel-
les, comme on en met aux choses à vendre. La mal-
heureuse, s'agitant dans cette extrême douleur, on
l'attacha toute nue à un poteau et on lui cloua les
pieds; pui on lui coupa les seins, et l'on mit le feu à
la paille. » Michelet.

Voici, d'autre part, l'assassinat de Mᵐᵉ de Lamballe,
le 3 septembre 1792. « Elle expirait à peine, que les
assistants, par une indigne curiosité, qui fut peut-être
la cause principale de sa mort, se jetèrent dessus
pour la voir. Les observateurs obscènes se mêlaient
aux meurtriers, croyant surprendre sur elle quelque honteux mystère qui confirmât les bruits qui
avaient couru. On arracha tout, et robe, et chemise
et nue, comme Dieu l'avait faite, elle fut étalée au
coin d'une borne. Cependant, soit pour augmenter la
honte et l'outrage, soit de peur que l'assistance ne
s'attendrît à la longue, les meurtriers se mirent à dé-
figurer le corps. Un nommé Grison lui coupa la tête;
un autre eut l'indignité de la mutiler au lieu même
que tous doivent respecter; le barbare lui coupa
ses parties sacrées; ce pauvre mystère de la

femme, que les assassins eux-mêmes auraient dû voiler de la terre, ils le mirent au bout d'une pique et le promenèrent au soleil.

« Le 4 septembre, les massacreurs forcent les portes de l'hospice des femmes : la Salpétrière ; ils commencèrent par tuer cinq ou six vieilles femmes, sans nulle raison ni prétexte, sinon qu'elles étaient vieilles. Puis se jetèrent sur les jeunes, les filles publiques, en tuèrent trente. dont ils jouirent, avant ou après la mort. Et ce ne fut pas assez ; ils allèrent aux dortoirs des petites orphelines, en violèrent plusieurs, dit-on, en emmenèrent même pour s'en amuser ailleurs. »

Enfin, Emile Zola, dans *Germinal*, nous donne la description d'une foule qui se livre sur un cadavre aux plus odieux, aux plus obscènes outrages, autour du cadavre encore chaud, il y eut comme une danse infernale, les femmes l'injuriaient puis « elles le tournaient en le flairant pareilles à des louves. Toutes cherchaient un outrage, une sauvagerie qui les soulagent. On entendit la voix aigre de la Brûlé : « Faut le couper comme un matou ! » — « Oui ! oui ! au chat ! au chat ! » Déjà la Mouquette le déculottait, tirait le pantalon, tandis que la Levacque soulevait les jambes. Et la Brûlé, de ses mains sèches de vieille, écarta les cuisses nues, empoigna cette virilité morte… elle finit par emporter le lambeau, un paquet de chair velue et sanglante, qu'elle agita avec un rire de triomphe : « Je l'ai ! Je l'ai ! »… — La Brûlé, alors planta tout le paquet au bout de son bâton, et le portant en l'air, le promenant, ainsi qu'un drapeau, elle se lança sur la route, suivie de la débandade hurlante des femmes.

Enfin, dans le même sens, signalons les derniers
outrages que les femmes ameutées, auprès du cadavre de l'ingénieur Watrin (26 janvier 1886) firent subir à ses organes génitaux : abominable apothéose
d'une de ces manifestations qui sont rentrées aujour-
d'hui à l'ordre du jour.

Il nous reste à faire une dernière remarque,
de même que nous avons vu les délires dans la foule
prendre le caractère de l'époque, il est possible d'établir une sorte de relation entre les crimes collectifs et
l'époque.

Telles sont, rapidement examinées, les diverses
modalités de l'impulsion criminelle des foules, et
l'explication qui, nous semble-t-il, est la plus naturelle. Il ressort de cette analyse succincte que dans
les crimes d'une foule, plusieurs éléments sont à
considérer, qu'il n'y a pas de criterium absolu, mais que
l'intensité dans les actes résulte de la composition de la
foule et a sa base ici encore dans l'imitation et la contagion.

Il semble, à considérer de pareils faits, que lorsque la foule est capable de commettre ou même de
supporter de tels crimes, de tels outrages, de tels débordements, elle est bien près de n'avoir plus la direction de son libre arbitre, et Maxime du Camp ne
semble pas éloigné de la vérité quand il ne croit capables de pareilles énormités que « des fous ayant leur
place désignée à Charenton, dans la section des agités ». (1)

(1) M. du Camp. *Convulsions de Paris*, IV

CHAPITRE III

DE LA RESPONSABILITÉ

Notre intention n'est pas, dans ce chapitre, de discuter la question du libre arbitre. Nous n'avons pas à considérer si, réellement, l'homme est un être libre ou seulement impulsif, s'il peut, par ses facultés, son raisonnement, discerner le bien du mal et prendre délibérément parti pour l'un ou pour l'autre, ou bien s'il ne constitue en somme qu'une machine bien montée dont la direction lui échappe, s'il dépend absolument d'une force surnaturelle et souveraine à laquelle rien ne pourrait le soustraire. Sans vouloir refuser à l'homme toute sa liberté, il nous semble vrai que « à mesure que la physiologie fait plus de progrès, le domaine du libre arbitre va en diminuant et le nombre des mouvements irrésistibles augmente. » (Mosso : *La Peur*). Mais là n'est pas la question pour nous.

Nous avons essayé de montrer par qu'elle gradation, dont les degrés sont souvent franchis d'un seul coup, par quel travail intime et inconscient la foule arrive à commettre des actes contraires à la sécurité générale, à se rendre même criminelle.

Ces causes, ces influences invoquées, peuvent-elles constituer une excuse, peuvent-elles servir de circonstances atténuantes ou même entièrement absolvantes? La responsabilité, telle qu'on l'entend en général, est-elle accrue ou diminuée dans les actes d'une foule?

D'autre part, quand le crime ou même le délit est le fait d'une collectivité, il est incontestable que tous les éléments n'ont pas pris une égale part à l'action. Il est donc indispensable de déterminer avant tout si la foule entière ou une partie seulement est coupable.

Les préjugés qui, aujourd'hui encore, font que les membres d'une famille semblent solidaires de leurs actes, qui font retomber une part du déshonneur de l'un sur la tête des autres ; certaines mœurs encore, telles que *la Vendetta* en Corse, etc., sont les vestiges de cette antique conception judiciaire pour qui tous les membres d'une famille, d'un clan, etc., étaient responsables des crimes commis par un seul et coupable tous au même degré. Cette responsabilité collective qui s'est transmise pendant si longtemps à travers les âges, sans choquer le bon sens ni les notions les plus élémentaires de la justice, ne saurait être acceptée aujourd'hui.

Comment alors trancher la question ? Un criterium
absolu permettant d'y répondre ne saurait être trouvé;
il est évident qu'on ne peut, d'une façon précise, déterminer les éléments qui sont coupables dans une
foule ; aucun signe suffisant n'existe. On ne peut,
nous semble-t-il, que donner des indications générales, mais il est indispensable de prendre ensuite
chacun des cas en particulier, ce que nous ne saurions
faire ici.

Reprenons donc les choses au début et tâchons
d'en tirer quelque donnée rationnelle, d'en dégager
quelque solution utile.

A la base de tous les actes de la foule nous avons
trouvé l'imitation ; dans les actes délictueux et surtout criminels, il nous a paru entrevoir comme une
impulsion, une force suggestive dont le résultat était
de faire passer de l'émotion à l'exécution et de rendre
toute leur intensité aux instincts malheureux mis en
éveil. M. Sighele a dirigé la discussion, nous semble-
t-il, avec beaucoup de discernement et de science,
nous avons admis la plupart de ses vues, de ses considérations.

Pour prendre le même exemple que cet auteur,
voyons ce qui se passe pour l'hypnotisme. Chacun
sait les expériences qui ont semblé prouver qu'un
magnétiseur habile et puissant pouvait imposer sa
volonté à son sujet, au point de rendre celui-ci criminel.

D'un côté, Liebault, Liégeois, etc., sont arrivés à
des résultats qui semblent indiquer que la suggestion est capable de détruire dans l'individu les princi-

pes les plus élémentaires de la morale. Mais il faut prendre en considération ce fait que, la plupart du temps, on n'arrive là que par des expériences répétées, après avoir soumis le sujet plusieurs fois à l'influence du sommeil, souvent même, il est nécessaire d'insister sur l'ordre, le commandement, et ce n'est qu'après beaucoup d'effort, d'une part, et de fatigue de l'autre qu'on voit un individu de mœurs douces et honnêtes se livrer au simulacre du vol, du meurtre, etc. qui lui est commandé.

L'Ecole de la Salpétrière, en effet, reprenant la question, a pu conclure que les cas où les sujets résistent à la suggestion, sont les plus nombreux. « Le somnambule, dit Gilles de la Tourette, n'est pas une machine qui peut tourner à tous les vents, il possède une personnalité réduite, il est vrai, à ses termes généraux, mais qui, en certains cas, reste intacte. »

Il serait intéressant pour apporter quelques données de plus au problème, de soumettre aux mêmes expériences deux catégories de sujets, les uns reconnus pour avoir des instincts pervers et criminels; les autres, essentiellement honnêtes, bons et fermes dans leur vertu. Il ne nous était pas permis de nous livrer à pareille expérimentation et nous n'avions pas qualité pour cela. Mais les résultats des observations prises semblent déjà indiquer que, selon l'expression de Campilli : « Les suggestions doivent s'harmoniser avec les goûts des sujets. »

Si nous nous reportons maintenant dans le domaine de la criminalité, il nous sera possible, peut-être, d'appliquer ces mêmes observations.

Il est un fait reconnu presque universellement, c'est que les individus qui, dans une foule, agissent d'une façon plus ou moins répréhensible, rentrent dans la catégorie des sujets sur lesquels la police ou la morale doit veiller. Nous avons vu, en traitant des foules criminelles, quelle est l'influence de cet élément. D'autre part, si la suggestion hypnotique n'arrive pas toujours à des résultats certains qui prouvent la disposition de la personnalité humaine, l'emballement d'une foule ne pourra pas faire davantage et l'on est, dès maintenant, presque en droit de conclure que, en pareil cas, lorsqu'on est en présence d'individus ayant commis des crimes ou des délits, l'excitation, l'exaltation n'ont fait que donner un libre essort à des natures mauvaises, à des caractères douteux au point de vue moral.

Et ce serait cependant s'exposer à toutes les méprises, à bien des erreurs regrettables, à des injustices même que d'appliquer notre raisonnement sans plus d'examen. Il ne serait pas sage, croyons-nous, de rendre responsables de parti-pris les véritables acteurs d'un méfait, d'un crime dans les foules. C'est que, d'abord, à prendre même la catégorie de sujets que nous venons de considérer, il faut faire intervenir la question d'ivresse morale et quelquefois même d'ivresse physique; quels que soient chez un homme les mauvais penchants, les mauvais instincts, ils trouveront dans cette fermentation due aux collectivités une alimentation nouvelle, une occasion de grandir encore; et l'on peut toujours penser que n'était en quelque sorte cette somme d'influences, d'excitations, l'étincelle du mal n'aurait pas jailli de l'individu soumis à ses seules impulsions internes. Il y a donc là une condition indépendante de sa volonté : celle du milieu, qui permet de lui accorder un degré, faible si l'on veut, mais réel d'irresponsabilité.

Il est vrai qu'on peut répondre en faisant observer que de pareils sujets, lorsqu'ils font partie d'une foule, doivent savoir à quoi ils sont exposés. La réflexion est juste, mais non applicable dans tous les cas. En effet, si l'on considère ceux qui, de parti-pris, et résolument animés déjà de passions fâcheuses, s'unissent à d'autres pour donner un libre cours à leurs débordements, nous avons à faire alors à ceux que, vulgairemen parlant, on désigne sous le nom de *meneurs*. Arrêtons-nous un instant pour eux. Dans ce cas, incontestablement, toute question d'irresponsabilité doit être rejetée ; de pareils individus ne peuvent bénéficier d'aucune cironstance atténuante ; la sanction la plus rigoureuse doit leur être appliquée, parce qu'ils ne sont plus alors influencés, suggestionnés, mais tout simplement la cause, l'impulsion. Et nous irons plus loin encore ; nous croyons qu'il n'est pas besoin que ceux-là aient agi, aient volé, aient tué, pour être considérés, non seulement comme coupables, mais même responsables de tout, il suffit que dans une foule qui en arrive au crime, il y ait de pareilles gens pour qu'on les considère comme des criminels dans toute la force du terme.

Pour ne pas être exposé à être mal interprété, nous répétons que nous n'avons ici en vue que les sujets qui, de *sang-froid*, par intérêt quelconque, par satisfaction pure d'un plaisir, d'une jouissance ou d'une passion se mettent à la tête d'un mouvement, se mêlent à une multitude, l'excitant, la poussant, et quel que soit le résultat, le bénéfice qu'ils retirent, que l'acte soit ou non. Car à côté de ces individus il s'en trouve d'autres qui, à coup sûr, sont des convaincus, souvent esprits faibles, et qui croient marcher pour la revendication d'un droit, d'une justice. Les grèves nous en ont fourni des exemples frappants, il y a eu là (et il y aura encore) des questions d'intérêt, de calcul, de spéculation, mais il y aura aussi l'immense nombre de ceux qui voient mal, qui entendent mal parce qu'on les trompe de toutes les façons.

Il y a aussi à prendre en considération la catégorie des gens qui, essentiellement honnêtes n'ont pas la force de résister à la tentation, qui se sentent attirés par la foule et sur lesquels les grands mouvements, les grandes manifestations font une impression indiscutable. Incontestablement de tels esprits existent, comme il y a des sujets sur lesquels la suggestion agit toujours et au maximum. Faibles ou craintifs leur caractère ne leur permet pas de s'opposer au courant, infailliblement ils seront entraînés. Il peut même se passer en eux ce que l'on observe quelquefois chez les indécis et les peureux, on éprouve de la difficulté à les décider, à leur donner une impulsion, mais quand une fois ils sont lancés on ne peut plus les arrêter, ils sont véritablement ivres et ne voient plus, on en a des exemples dans ces faits où un être timide, doux, craintif poussé à bout par la haine, la douleur ou le désespoir devient criminel, assassin, puis quand

il voit le sang, *il voit rouge* et frappe aveuglément
tout ce qui tombe sous sa main.

Plus haut nous avons dit le mot d'ivresse physique,
c'est qu'en effet c'est un élément dont il faut tenir
compte, et que l'on retrouve dans presque tous les
grands faits de crimes collectifs. Parmi cent, un évène-
ment de la commune de Paris nous fournit un
tableau saisissant de tous les mobiles mis en jeu pour
exciter les multitudes. Le 3 avril la Commune veut
marcher sur Versailles.... On allait voir, dit M. du
Camp, ce que peut faire un peuple sans mesure et
sans instruction, lorsqu'il est livré à lui même et
qu'il se laisse dominer par ses propres instincts. L'intérêt de ceux qui avaient saisi la direction de ses des-
tinés, était de le surexciter, de l'amener à ce paroxysme
inconscient où l'homme redevient la bête féroce naturelle... On exaspéra les combattants jusqu'au delà, on
ne leur ménagea rien, ni les mensonges, ni les mena-
ces, ni les flagorneries, ni l'orgie, ni l'eau-de-vie. On
peut affirmer sans exagération que pendant deux
mois Paris fut en proie à l'ivresse furieuse. La tourbe
obéissante et énivrée se ruait à des batailles auxquelles elle finissait par prendre goût. Le spectacle
que Paris offrait pendant ces jours de deuil, était dé-
sespérant. En haut des hommes ignorants et vaniteux,
arrivés aux accidents tertiaires de l'envie purulente,
en bas des brutes obscures, prêtes à tous les méfaits
partout le troupeau des moutons de Panurge, êtres
indécis, mobiles, sans résistance contre les mauvaises
passions qui assaillent sans propension au mal, sans
attrait vers le bien, obéissant machinalement, et ne

comprenant rien aux évènements dont ils sont enveloppés, sinon qu'ils ont une bonne paye, beaucoup de vin et trop d'eau-de-vie. *Les Convulsions de Paris »*

Enfin, il est une remarque dont il faut aussi tenir compte, c'est que dans les foules, il se glisse toujours un certain nombre d'individus mal équilibrés, mal pondérés, des exaltés, 'des fous, et des fous qui ont du goût pour le mal ; on peut dès lors entrevoir ce que de pareils éléments feront au sein de cette agitation, il ne leur sera pas difficile d'arriver' au paroxysme de la fureur la plus inconcevable, et le spectacle qu'ils offriront ne sera point fait pour calmer les autres.

La conclusion semble maintenant simple : la catégorie des excitations mise à part, nous n'avons plus à faire qu'à des individus qui ne sont plus dans la libre fonction de leurs facultés, et il n'est pas possible d'appliquer à ces individus une sanction sans restriction. Mais, d'autre part, on ne peut retirer absolument toute responsabilité. M. Tarde le dit très bien : « La responsabilité absolue n'existe pas, mais l'irresponsabilité absolue n'existe pas non plus. « *Philosophie penale.* » En effet, la foule que nous venons d'examiner est au dernier degré un être dont les réflexes sont exagérés ; les réflexes sont l'antipode de la volonté ; mais, d'autre part, les reflexes n'agissent pas indifféremment sur tous, on sait que chez certains individus ils sont complètement abolis, chez d'autres, au contraire, ils sont accrus ; il y a donc une question de terrain, de receptivité, et quand le crime sera le terme final du reflexe dans une foule, c'est que la foule était prédisposée, avait une tendance à réagir dans ce sens. « Les excitations au crime, dit le même auteur, d'origine sociale ou autre, ne s'exercent que sur les individus plus ou moins prédisposés à les recevoir. »

Dans quelle mesure la responsabilité sera-t-elle applicable à ces individus ? Nul *criterium* ne peut en être donné, car bien des éléments viendront chaque fois entrer en jeu et compliquer la question.

Qu'on nous permette en terminant de faire une comparaison. Quand un homme a frappé un de ses semblables avec son bras, quand il l'a mordu, quand il a produit quelque dommage avec une partie de son corps à lui, il ne vient à l'idée de personne, aujourd'hui, d'appliquer cette vieille loi : « œil pour œil, dent pour dent », de punir le bras qui a frappé, le membre qui a fait le mal.

Dans une foule, de même il arrive souvent qu'un individu n'a été que l'instrument du crime, le bras, la main ; il serait donc absurde de choisir dans les collectivités, et sans autre examen, les individus qui ont agi : c'est la tête qui est responsable, c'est à elle qu'on doit s'en prendre. Mais, d'un autre côté, quand dans le même homme, un organe, une partie du corps est malade et gêne le bon fonctionnement de tout le reste, quand il peut même, de ce fait, résulter une terminaison fâcheuse pour l'homme, on retranche, si l'on peut, le mal, ou, tout au moins, on le pallie, on lui oppose des obstacles. Quand, dans une foule, un élément pourra nuire, il faudra, dans la mesure du nécessaire, le mettre dans l'impossibilité de le faire.

Dans tous les cas, donc, une foule ne peut perdre complètement sa responsabilité ; celle-ci variera à l'infini, mais, en règle générale, elle sera diminuée et souvent de beaucoup ; la sanction est une chose indispensable et qui doit toujours répondre au mal comme au bien. De même que chez le criminel passionnel, il ne faut pas voir un être absolument irresponsable, il faut appliquer à la foule criminelle cette réflexion de Tarde : « Il n'est pas permis de regarder la conduite humaine comme un vain jeu, d'une éternelle magie, et de sourire en estheticien au spectacle des vertus et des vices, des dévouements ou des crimes, sans enthousiasme ni indignation. Le blâme et l'approbation du moraliste atteignent quelque chose qui n'a rien d'illusoire ; et la conscience qui atteste la profondeur de son objet ne se trompe pas en ceci. »

CONCLUSIONS

Il ressort de notre étude que :

1º La foule peut être considérée comme un être qui sent et qui agit, mais qui ne réfléchit pas. « C'est un être, dit M. le professeur Lacassagne, essentiellement *spinal* et *ganglionnaire*, chez lequel les phénomènes *reflexes* sont facilement exagérés, mais à qui la vie intellectuelle fait complètement défaut. »

2º Cette individualisation est le résultat de la diffusion inconsciente et suggestive d'une émotion : elle se fait par *imitation* ou *contagion morale*.

3º L'imitation s'explique par l'instinct de vanité qui réside chez l'homme, et le besoin qu'il a de l'approbation à ses actes ; ces sentiments le poussent à reproduire ce qui se passe autour de lui, espérant ainsi avoir l'estime de ceux qu'il copie.

4º L'imitation peut procéder d'une façon réciproque ou unilatérale. Quand elle procède d'une façon [réciproque, son intensité est alors proportionnelle à l'objet, varie avec le nombre des éléments, le degré de cohésion de la foule, la nature et le caractère des individus qui la composent.

5° Quand l'imitation procède d'une façon unilatérale, elle est alors comparable au phénomène de l'hypnotisme : l'intensité varie avec la puissance suggestive de la cause, point de départ de l'imitation, et le degré de receptivité des éléments influencés.

⁰ L'imitation peut être normale, *sociale*, elle a pour effet alors de propager les sentiments, les actes..... de la vie ordinaire et donne : la mode, le langage, les mœurs, etc., produit les grands mouvements d'enthousiasme, les grandes manifestations.

7° L'imitation peut encore être *morbide*, elle agit sur les facultés mentales troublées, répand les illusions, les sentiments erronnés dus à l'imagination pervertie, et les mauvais instincts, pour produire les grandes névroses, les grandes épidémies mentales, les crimes, etc.

8° La foule peut être criminelle par occasion et dans ce cas, la responsabilité, sans disparaitre complètement, est considérablement atténuée, mais dans des proportions variables.

9° La foule peut être criminelle encore par intérêt ou par habitude.

10° Dans les deux cas, ce ne sont pas ceux qui agissent qui sont seuls coupables et les plus coupables, mais, quoiqu'ils fassent, les *meneurs*, les *excitateurs*.

11° La responsabilité de ces derniers est au contraire accrue.

12° Il est le plus souvent dangereux de réunir les hommes en foule. Il faut, des collectivités, s'attendre à l'explosion plutôt des mauvais iustincts que des sentiments généreux. De la foule, on peut le dire, c'est le plus souvent la « *Bête humaine* » qui surgit !

INDEX BIBLIOGRAPHIQUE

BALL................... *Maladies mentales.*

BRIERRE DE BOISMONT. *Les Hallucinations.*

CALMEIL.............. *La Folie* (2 vol.)

FABRE (Joseph)........ *Jeanne d'Arc libératrice de la France.*

—   *Interrogatoires du procès de Jeanne d'Arc*

GOUZER (F)............ *Action des courants telluriques, du magnétisme terrestre sur l'activité céré-
brale (In Arch. de l'Anthrop. crim.
(Sept. 1891).*

—   *Action de la lumière sur l'activité cérébrale (In Arch. de l'Anthrop. crim.
(Nov. 1891).*

GUIZOT.............. *Histoire de France racontée à mes petits
enfants.*

Henri de PARVILLE.... *Revue des sciences (In Journal des Débats (21 févr. 1889).*

LACASSAGNE.......... *Précis de médecine légale.*

—   *Précis d'hygiène privée et sociale.*

LOMBROSO............. *L'Homme de génie.*

—   *Delitti politici.*

—   *Influence des météores et du climat sur
les révolutions (In Arch. de l'Anthrop.
crim. (Mars 1891).*

MAUDSLEY .... *La Psychologie de l'esprit.*

—   *La Pathologie de l'esprit.*

Maxime DU CAMP...... *Les Convulsions de Paris* (7 vol.)

MICHELET............ *Histoire de la Révolution française.*

MOSSO .... *La Peur* (Etude psycho-physiologique.)

REGNIER (J.-L.)....... *L'Hypnotisme.*

ROGER.............. *Traité des effets de la musique sur le
corps humain* (Paris, 1803.)

SIGHELE (S.)......... *La Folla Delinquente.*

TARDE (G)............ *La Philosophie pénale.*

—   *Les Lois de l'imitation.*

—   *Affaire Wladimiroff (In Arch. Anthrop.
crim. Mars 1891.)*

TABLE DES MATIÈRES

www.ingramcontent.com/pod-product-compliance
Lightning Source LLC
Chambersburg PA
CBHW052049270326
41931CB00012B/2691